フツーのサラリーマン〝ついてるさん〟が成功した

「競売不動産」で資産を増やす方法

津《つ》井《い》輝《てる》

実業之日本社

はじめに

初めまして、私、津井《つい》輝《てる》と申します。

50代の平凡なサラリーマンです。どちらかというと、平凡というより地味なサラリーマンという感じでしょうか。地味で温厚な私ですが、サラリーマンでありながら、家賃収入を得たり、ＦＸで収入を得たりして、お給料以外の収入があり、心身ともに充実した人生を過ごさせていただいています。その金額は、サラリーマンとしてのお給料以上となっています。

今のところ、お給料、家賃収入、ＦＸ収入の3つのお財布を持っているということになります。

日中はサラリーマンのお仕事をしっかり行っていて、朝の出勤前や休日にサラリーマン以外のお仕事をしています。夜はお仕事はせず、家族との団らんを楽しんだり、本を読んだりして充実した人生を過ごしています。

もちろん、いきなり3つの財布を持てるようになったわけではありません。じっくり時間を掛け、仲間の力を借りながら無理なく、自分に向いているやり方でお仕事を続けていった結果として資産を拡大し続けているということになります。

では、なぜ私が資産を拡大させようと思うようになったのか。それには3つの理由がありました。

まず、ひとつめは、将来に対する年金の不安でした。

私は、将来の年金支給はかぎりなく少なくなっていくだろうと感じています。支払ってくれる若い世代がどんどん減っていき、受け取る高齢者がどんどん増えているので、いつか必ず、ゆきずまる「仕組み」になっていると思っています。将来的な経済の自立が必要であると考えました。国からの年金支給に依存する考えは捨てたほうがいいと判断し、時間をかけゆっくりと安全に準備をしようと決意しました。

2つめは、社会構造の変化への対応です。

世の中は、働き手の減少を受けて、ＩＴを活用した仕事のやり方改革、働き方改革を進める方向に向かっています。現代は、人工知能（ＡＩ）、あらゆるものがインターネットにつながるＩｏＴ技術、すべての記録が改ざんされずに保存、証明されるブロックチェーン技術の活用などにより世の中の仕組みやルールまでもが大きく変わろうとしている激動の時代になってきています。今やっている仕事の多くは「新しい技術」や、「さらに安い賃金を受け入れる人たち」に取って代わられる可能性が高く、いつリストラにあってもおかしくない時期に入っていると感じています。

会社側も副業に理解を示し始めており、いつまでも会社にしがみついてほしくないと考えているふしがあります。ひとつの収入だけに依存した収入構造はリスクだと考えるようになり、経済的自立の必要性を強く感じています。

３つめは、次世代への引き継ぎです。

変化の激しい時代になっていくなかで、次世代がどうやったら、幸せで、豊かで、充実した人生を送ることができるのか。これは大きな関心事です。

親には、資産に対する正しい知識、資産防衛、資産拡大の実践方法を次世代に伝える義務があると私は考えています。個人単位のライフプランではなく、家族単位、血族単位、仲間までも巻き込んだ「普遍資産」単位で考えるべきだと思っています。「お金」「資産」「相続」に関する教育は学校で行ってくれません。親が教える以外にないのです。しかも、日本人は潜在意識の中へ、「お金は汚いもの」という不思議な信念のようなものをいつの間にか植え付けられています。私は小学生の頃、友人の親が株で儲けているという話を聞いて、「ずるして、お金を儲けている」と思ったことを、なぜか今でも不思議と覚えています。

なぜそんなことを思ったのでしょう。

「お金儲け」＝「悪いこと」と潜在意識の中に刷り込まれているのだと思います。だから、本業のサラリー以外の収入「別収入による資産拡大」＝「さらに悪いこと」と無意識に感じてしまう人がいるのかもしれません。

次世代に、投資、資産の拡大は悪いことではなく、自分や家族の可能性や未来を広げる素晴らしいことであるという考え方を理解してもらい、やり方を伝え、できるようになるまで手取り、足取り教える必要があると思っています。

ただし、これには前提があり、本人が本気で学びたいと謙虚な姿勢になる必要がありますし、伝えるタイミングがあると考えています。

今、日本は、たまたま平和で安全な環境です。しかし、突然、想定外のことが起こり、結果として失業、収入がなくなった場合、何の準備もしてこなかった人たちは、これからどうやって生きていくのでしょうか。

誰も自分や大切な家族を守ってはくれません。平時から、何が起こってもいいように備えることが重要になってきます。それには生き抜く知識、知恵、信頼できる仲間との人間関係をつくっておく必要があります。特に、信頼できる仲間とのコミュニティ作りは大変重要だと思っています。これこそ築き上げるのに長い時間がかかる価値あるものではないでしょうか。

サラリーマンでも時間という頼もしい仲間を味方につければ、富裕層になることはできます。

家族や仲間の楽しい未来をつくりあげたいと思ったときがスタート地点です。

「何のために、資産を拡大するのか。そして、何のために自分は生まれてきたのか」

この問いかけは、資産の拡大に欠かせない原点となります。

なぜならば、お金を増やすことは、それ自体が目的ではなく、自己実現の手段にすぎないからです。この理解が進んでゆけば、ゆっくりと安全に資産を拡大できるのではないかと思っています。

本書を読んでいただいた皆さんが、幸せで、豊かで、充実した人生を送るための「行動」を起こすキッカケになることを心より願っています。それでは、これから皆さんと一緒に私がどのようにサラリーマンとして資産を拡大していったか、たどっていくことにしましょう。

フツーのサラリーマン〝ついてる〟さんが成功した

競売不動産で資産を増やす方法

● 目次

編集協力　㈲バウンド
装丁　　　鈴木大輔、仲條世菜（ソウルデザイン）
イラスト　平松慶

第1章

「競売」は忙しいサラリーマンにこそ向いている

いつの間にか友人がアパートオーナーになっていた！

十数年前のある日、同い年の友人に偶然鉢合わせました。久しぶりの出会いに、わずかの時間でしたが、お互いの近況を報告し合いました。

私はその話にとても驚かされました。彼はサラリーマンなのに不動産投資をしているというのです。しかもアパート１棟を銀行から融資を受けて購入し、満室経営をしていることをコッソリと打ち明けてくれました。当時の私には、本当に衝撃的で今でもそのときのことを鮮明に覚えています。

当時の私には、サラリーマンをしながらアパート経営をするという発想がありませんでした。

「こんなに忙しい仕事まみれの毎日で、どうやったらそんな時間をひねり出せるのか。そもそも、サラリーマンの立場でそんなことをしていいのだろうか。同じようにサラリーマンとして仕事に打ち込んできたのに、なぜこんなにも差が開いてしまったのだろうか……」

さまざまな思いが頭の中を駆け巡りました。私はなぜか、何かに打ちのめされたような、今までの自分の生き方まで否定されたような、そんな感覚になったことを覚えています。

「自分のアンテナ感覚が弱まっていたのだろうか」

「視野が狭かったのか」

「今まで私は何をしてきたのだろうか」

「会社の指示に従ってきただけなのか」

「本当に自分がしたいことを我慢して、上司の顔色をうかがい、上司の指示に心身をすり減らしていくだけの人生でいいのだろうか」

多くの言葉が脳裏を駆け巡りました。答えが出ない問いを延々と繰り返しました。人生には時間にかぎりがあり、あっという間に寿命を迎えてしまうことだけはよく理解していました。

「大丈夫か。本当に自分はこのままでいいのか？」

いつもこんな葛藤を抱えて日々を過ごすようになりました。

友人に勧められた「競売」

後日、偶然その友人に再会しました。

「よし、この間の話をちゃんと聞いてみよう」と思って話しかけると、彼は急いでいたらしく、

「この前、参加したセミナーの資料があるからあげるよ」と、たまたまカバンに入れっぱなし

にしていた資料を私にくれました。

これが「競売《けいばい》」との出会いでした。

当時の私にはチンプンカンプンの資料でしたが、不動産投資のなかに「競売」というカテゴリーがあることを知りました。投資は未知の世界だったので、書店へ行き、不動産投資に関する本を十数冊買い込み、本を読んで不動産投資のイロハを知ることからスタートしました。

次にネットでもどんな世界なのか調べ始めました。少しずつですが知識も増えてきて、実物の不動産も見て回るようになりました。不動産屋さんに飛び込んで話を聞いたり、ネットで気になった物件をプリントアウトして、それを片手に物件や環境の確認などをするようになりました。

利回りの計算も覚え、どういう物件がいいのか、出口戦略は重要だ、などと経験はないくせに一人前のようなことを言うようにもなってきました。

しかし、大きな壁が立ちふさがりました。収益不動産は目利きとスピードが勝負の分かれ道です。素人の私は目利きができません。サラリーマンなので休日や平日の夜しか、不動産投資に時間を割くことができません。

「いいな」と思った物件は、あっという間にマーケットから消えていました。あったとしても

〝おとり広告〟ばかりでした。

物件を現地確認せずに物件を購入するなんてことは、私にできる芸当ではありませんでした。

「やはり私には無理か……」

諦めかけていたとき、以前友人からもらった資料のなかにあった「競売」を思い出したのです。改めて調べ直してみました。

競売は入札制なので、スピードは必要ないことがわかりました。しかも、裁判所が物件の調査資料を用意してくれているのです。内部の写真や配置図、聞き取り報告書など、「3点セット」というすごい資料があるのです。誰でもインターネットで閲覧できる状態になっています。

「これだ！」と確信しました。

多くのセミナーに参加したり、DVD教材で約1年間みっちり基礎を叩き込むことにしました。資料を分析し、収益計算、出口戦略を練ってから、現地調査を行い、入札を繰り返しました。資料の分析は夜に行います。現地調査は休日。入札は郵送です。きれいに段取りが組めます。サラリーマンの日常生活に悪影響を及ぼすことはまったくなく、私にとって理想的な勝ちパターンをつくれそうな予感がし、希望に胸が膨らんでくる実感がありました。

競売とはなにか

私がひょんなきっかけで知ることになった不動産の競売については順を追って詳しく説明していきますが、ここでは競売がどのようなものかを簡単に説明していきましょう。

不動産取引にはいろいろな種類がありますが、なかでも異彩を放つのが「競売」です。**「競売」とは不動産売却の一種で、不動産を担保にして借りたお金（住宅ローンなど）を返せなくなったとき、担保となっている不動産を裁判所が差し押さえ、いちばん高く買ってくれる人に売却する仕組みです。**

不動産取引といえば、不動産業者を仲介者として売り主と買い主が当事者間で取引を行う相《あい》対《たい》取引が中心ですが、競売は裁判所が民事執行法に基づいて行う不動産の売却手続きです。**価格の決定は裁判所で公平、公正に行われるので、不正の入り込む余地はありません。**

競売は、金融機関が担保提供されている不動産を裁判所に申し立てを行うことで始まります。そして、裁判所はその不動産を差し押さえて、適切に処分し、債権者は債務を回収します。法的手段を行使して、強制的にお金を回収する手段が競売なのです。

意外と知られていないのですが、競売に参加できるのは不動産業者など企業だけではありません。個人でも参加できます。外国人も参加できます。

不動産は昔から富の象徴であり、投資の王道です。不動産産業としての歴史があるので、資産を増やすだけではなく、資産を減らさない知恵の宝庫でもあります。

土地や建物を使った節税対策、相続税対策などがわかりやすい例ではないでしょうか。先達が積み重ねてきた知恵を学ばない手はないのです。不動産には多くの知恵が隠されており、その中でも競売は不動産の根っ子の部分、本質を学べる対象だと考えています。競売とは何かについては、第４章で詳しく説明します。

「競売」は忙しいサラリーマンにこそ向いた不動産投資といえます。その理由は３つあります。ひとつずつ見ていきましょう。

競売不動産投資がサラリーマンに向いている3つの理由①

ひとつ目の理由は、「時間」です。

通常の不動産取引は、情報、スピード、人脈がものをいう世界で、美味しい物件から売れていきます。不動産業者間の取引も含め、美味しい物件ほど、あっという間になくなってしまいますから、一般のサラリーマンはなかなか美味しい物件を買うことはできません。不動産業者が「掘り出しものがありますよ」と物件を勧めてくることもありますが、そういう場合は買い手にとって美味しい物件ではなく、売り手にとって美味しい物件が多いものです。そもそも、売り手（＝不動産取引のプロ）と、買い手（＝不動産を購入する一般人）では、立つ土俵が違っているのです。

一方、競売は裁判所のホームページで告知されてから入札するまで約4週間（期間は各裁判所により異なる）もあるので、ゆっくり調べたり、考えたりする時間があります。このように告知されてから入札するまでに存在する十分な時間があるおかげで、忙しいサラリーマンでも無理なく、余裕をもって「競売」に参加できます。

素人とプロの圧倒的な情報量の差を埋めるのには約4週間もあれば十分です。これで同じ土俵で互角に渡り合えるようになります。それが「競売」なのです。

競売不動産投資がサラリーマンに向いている3つの理由②

２つ目の理由は「マーケット」です。

「競売」はブルーオーシャンマーケットです。競売というと怖いイメージがあるかもしれませんが、それは昔の話です。不動産業界は、その「昔ばなし」をうまく利用して、自分たちだけで美味しい市場を独占しています。

１８９８年（明治31年）に、「一定の原因に基づき当事者の申立てにより、国家機関が行う」という競売法が成立しました。これを「旧競売法」といいます。この旧競売法では、不動産の売却方法を原則として、〝競《せ》り売《う》り〟としていました。買いたい希望者がいっせいに不動産売却場に集まり、執行使（現在の執行官）の指示のもと価格を競り上げていき、一番高い価格を付けた人が買っていく方法です。

この方法だと、競売不動産が売却される当日にその場にいなければなりません。ですから、当時は、テレビドラマに出てくるような強面のお兄さんが競売会場へ入る人々を本当に妨害して、競売に参加させないようにしていたようです。彼らはチームを組み、仲間内で価格を操作し、本当に怖い雰囲気だったといいます。

しかし、時代は変わり、１９７９年（昭和54年）に民事執行法が制定されたことで、旧競売法は廃止されました。今では民事執行法も改正が進み、一般の人間も安心して手が出せる、公正でクリーンな不動産マーケットに環境が変わっています。

しかしながら、昔のイメージがいまだに根付いており、不動産業者などはそのダーティなイメージをうまく利用しています。

このような「思い込み」を取り払って、自分の目で現実を確認して判断することは不動産だけでなく、何事においても大切な心がまえだと私は考えています。そんなフラットな目で、「競売」というマーケットを眺めると、競売が美味しいマーケットであることに気付くことができます。

誰もが避けようとする道、やりたがらないこと、怖そうなこと、そのなかにこそ、美味しいご褒美があったりします。

競売不動産投資がサラリーマンに向いている3つの理由③

3つ目の理由は、競売だけでなく投資全般にいえることですが、**「サラリーマンこそ複数の**

収入源を持つべき」ということです。これは私の信念でもあります。

仕事を深掘りしてひとつの収入源だけで生きていくこと——長期間、ひとつの分野だけのスペシャリストは、芸術家であれば問題ないでしょうが、サラリーマンの場合は危険と背中合わせの生き方になると考えています。

若い時期にスキルを身に付けるため、ひとつのことに集中するのはとても良いことだと思います。しかし、可能であれば、２年、５年といった修業期間を繰り返して、複数の分野でスペシャリストを目指すことをおすすめします。

なぜなら、平穏な時代はそれほど長続きしないのではないかと考えられるからです。人生は長く、順調なときばかりではありません。リストラや勤め先の倒産など、不測の事態がいつ起こるかわかりません。複数のスペシャリストになると、驚くほど広がりを持ち、深みも応用が利くようになっていきます。ポイントは、「広く浅く」ではなく、「複数で深く」です。このことを実行すると、仕事や富に共通する本質が見えてきます。

せっかくこの世に生まれてきたのですから、寿命という限られた時間を有効に活用し、楽しい人生を送ろうではありませんか。

しかもスキマ時間を使って、「競売」というブルーオーシャンで賃料収入を得る——「人の行く裏に道あり、花の山」とまでは言わないまでも、面白い人生を生きていけそうです。

実行するのは、簡単です。「やる」と腹を括って、自分の心の中で決断するだけです。**問題の解決方法は常に自分の中にあります。**

競売を選んだ理由

ひとくちに不動産投資といっても、次のようにいろいろな種類があります。

・一棟投資（アパート、マンション、商業ビルなど一棟丸ごとへの投資）
・区分投資（マンションなどの一軒分ごとへの投資）
・戸建て投資（一軒家への投資）
・サービス付き高齢者向け住宅（高齢者向けの介護サービス付きアパート）
・シェアハウス（トイレ、キッチンなど共有化したアパート）
・民泊（Airbnb など、既存の家などを改装して貸し出す）
・コインパーキングやバイク駐輪場

・トランクルーム（物置投資）、コンテナ、工場、倉庫
・太陽光発電

不動産取引の基本は相対取引での交渉です。しかし、不動産競売はオークション取引です。**公衆の面前で、駆け引きなく一発勝負で値段が決まる手続きです。**

そして、競売は不動産のデパートのようなところです。田んぼや畑、荒れ地、倉庫、店舗、工場など、あらゆる不動産が出品されています。戸建て、アパート、マンション1棟、複数棟、区分マンションなど何でもあります。しかも、日本全国が対象です。

対象物件のバラエティーの豊富さもさることながら、すでに述べたように、サラリーマンとして一番のネックである時間との兼ね合いをつけることができるのが競売不動産の魅力です。

そして、何よりも**「難しそう」「手掛けている人が少なそう」というのが、私が競売不動産を選んだ理由です。**これをクリアすれば、ほかの投資もこなせるようになるのではないかとの予感がありました。難しそうなものを理解できれば、それにまつわる諸々のことが理解できるはずと考えたのです。

予感は的中しました。思ったほど難しくなく、ライバルが少ないのです（笑）。

実際にやってみると、時間の制約がある多忙なサラリーマンにこそ向いている不動産投資だと気が付いたのです。

競売のメリット、デメリット

競売には多くのメリットがあります。だからこそ、私も皆さんにすすめるわけですが、一方でデメリットもあります。競売にかぎらず投資全般にいえることですが、デメリットも理解しておくことは重要です。

ここでは、競売のメリットとデメリットを説明していきます。

まずはメリットです。

メリット① 相場よりも安く物件を仕入れられる可能性がある
メリット② 3点セット（101ページ参照）と呼ばれる強力な

図表 1-1　競売のメリット・デメリット

競売のメリット	競売のデメリット
・相場よりも安く物件を仕入れられる可能性がある ・調査報告書（3点セット）が一般に公開されている ・不動産投資の本質を学べる	・瑕疵担保責任《かしたんぽせきにん》の適用がない ・「引渡し」を保証してくれない

メリット③　不動産投資の本質を学ぶことができる
調査報告書が一般に公開されている

次にデメリットです。

デメリット①　瑕疵担保責任《かしたんぽせきにん》の適用がない
デメリット②　「引渡し」を保証してくれない

では、それぞれを詳しく説明していきましょう。

メリット①　相場よりも安く物件を買える可能性がある

なんといっても、**競売の最大のメリットは「価格が安い」ことです。**

商売の基本は「安く仕入れる」です。競売は複数の人に競争で値をつけさせて、最高額をつけた人に売却する「競り」ではなく、一発勝負の競争入札ですから、そんなに高い値段は付きません。

裁判所が提示する、競売不動産の「売却基準価格」というものがあります。この価格は執行裁判所（強制執行に関する権限をもつ裁判所のこと。原則として、執行手続きを行う地またはこれを行った地を管轄する地方裁判所が執行者になる）が選任した評価人（不動産鑑定士など）が提出する「評価書」に基づいて執行裁判所が決めます。入札に際し、基準となる価格です。この評価書には評価額算出の計算過程、根拠も記載されています。

ただし、この売却基準価格は一般市場価格に比べてバラつきがあります。市場価格の半分の物件もあれば、一方で市場価格並みの物件があるのが実情です。競売物件相場に詳しくなれば、こうした価格の「歪み」がとても美味しいことに気づくことができるのです。

メリット② 強力な調査書（3点セット）が公開されている

競売には、次に挙げる「3点セット」というものがあります。

①物件明細書

②評価書
③現況調査報告書

いずれも裁判所書記官、執行官、評価人（不動産鑑定士など）が公平な観点で作成した報告書です。詳細な情報が記載されており、誰でも閲覧できるようになっています。これさえ見れば、ある程度の情報はわかってしまいます。**物件選定が容易にできます。**

ただ、これらの情報は記録上に現れている事実と、それに基づく認識が記載されているにすぎないので、**当事者の権利関係を確定するものではない**ことを肝に銘じておくことが重要です。ですので、調査書ができてから、所有するまでに物件の状態が変わることもあり得ます。そのため**入札を検討する場合は、必ず直接現地を見に行く必要があります。**

この点については、具体的には第４章で詳しく説明します。

メリット③ 不動産投資の本質を学べる

競売不動産の背後には、本当にさまざまな物語があります。競売不動産投資は、人間の本性を垣間見ることができるビジネスモデルと言ってもいいかもしれません。

土地・建物の購入、ローン担保設定、抵当権の設定、返済の開始、返済不能、抵当権の実行、差し押さえ、競売手続きの実行、現金化され、その後の新たな価値の発生の過程で、多くの関係者が関わっていきます。

そしてその過程を学んでいくと、不動産業界の仕組み、慣行、立地がもたらす意味、物件価格の決まり方、売買のポイント、建物のチェックポイント、賃貸管理の押さえどころなど、不動産業の根っこの部分を垣間見ることができます。そうなんです。不動産投資には豊かになる知恵が隠されているのです。知恵を授かり、本質を探り、豊かになっていけるヒントが埋め込まれているのが不動産投資であり、競売不動産投資です。さらにいえば、不動産投資初心者にとって、競売不動産投資は不動産投資のデモンストレーション、投資の練習にも最適なのです。必ずしも実物に入札する義務はないのです。「デモ入札」「デモ競売」とでも呼びましょうか。

デメリット① 瑕疵担保責任《かしたんぽせきにん》の適用がない

ここまで私なりのメリットを挙げてきましたが、もちろんデメリットもあります。

一般の不動産取引は、民法の売買契約に基づいて市場で取引され、不動産業者（宅建取引士）を介して購入・売却をします。また、契約に際しては、契約上の重要説明事項や瑕疵担保責任の保護強化などで購入者の保護が手厚くなっています。しかし、不動産競売において、**裁判所は手続きを主宰するだけで、物件に関して一切責任を負わず、購入者を保護する法律もありません。すべて自己責任です。**ここは一般の不動産取引と大きく異なるところです。

なかでも、瑕疵担保責任（購入時にわからなかった欠陥があった場合、売り主が買い主に対して負う責任）がないので、建物や土地に欠陥などがあっても裁判所は保証してくれません。**不動産競売は、瑕疵担保責任の適用がないことを肝に銘じて取り組む必要があります。**

デメリット②「引渡し」が保証されない

裁判所は登記の移転までは行ってくれます。しかし、物件を落札した人は、その物件を利用または保管している人から、自分でその物件の「引渡し」、つまり引き受けを行わなければなりません。もっとわかりやすくいうと、**落札後に、その物件に人がまだ住んでいる場合、その人を追い出さないかぎり、その物件は使用できないことを意味しています。**これが競売投資、

図表 1-2　競売物件と一般物件の主な相違点

	競売物件	一般の物件
適用される法律	民事執行法	宅地建物取引業法
瑕疵担保	×	○
物件引渡し	×	○
内覧の可否	×	○
特徴	訴訟で解決	契約者保護が手厚い

過去においても最もやっかいな問題でした。

現在では、法律も整備され、不法に住み続けている不法占有者に対して、代金を納付した日から6カ月は、引渡命令による強制執行によって、法的に追い出せるようになりました。

すべての占有者が不法に「居座る」わけではありませんし、仮に居座られたとしても、それに対処する法律は整備されているので、**現在では過去の問題は解決されているのです。**

しかし、現実問題として、忙しいサラリーマンとしては貴重な時間をやっかいなことに費やしてしまう面倒には関わりたくないところです。そのためには、現地調査やヒアリングをして、やっかいな物件をふるいにかけ、関与しなければいいだけです。詳しくは後述しますが、コツがあるのです。

不動産投資の勝ちパターンに必要な3要素

不動産投資で利益を得るためには、いくつかの要素があります。ここでは私が考える不動産投資の「勝ちパターン」に必要な要素を紹介します。

勝ちパターンに必要なのは次の３点だけです。

①物件（ミクロ／価値判断）……………どれほどの価値を生み出すのかの見きわめ
②タイミング（マクロ／景況判断）……買うタイミング、売るタイミングの見きわめ
③資金計画（手法／入口、出口）………いかに安く買い、いかに多くの家賃をいただき、いかに高く売るかの見きわめ

ポイント① 物件（ミクロ／価値判断）

では、それぞれについて詳しく説明していきましょう。

まずは、物件（ミクロ／価値判断）です。物件の価値判断は、対象となる物件がいつまでに、いくらの価値を生み出す力を持っているのかを判断することです。

価値判断の要素は大きく次の２つに分かれます。

・土地の持つ価値
・建物の持つ価値（機能、築年数、減価償却など）

まず、土地の持つ価値について見ていきます。

土地の価格は「一物五価」といわれています。つまり、ひとつの土地に５つの価格があるということです。それが次の５つです。

図表 1-3　不動産の一物五価とは

	利用目的	時価との関係	所管	公表日
①公示地価	土地取引の目安	時価相当額	国土交通省	毎年 ３月下旬
②基準地価	土地取引の目安	時価相当額	都道府県	毎年 ９月下旬
③固定資産税評価額	固定資産税の計算	公示地価の７割	市町村 （東京 23 区は都）	３年ごとの ３月１日～
④相続税路線価	相続税、贈与税の計算	公示地価の８割	国税庁	毎年 ７月初旬
⑤時価	—	—	—	—

①公示地価……………国土交通省が土地取引の指標にすべく算定するもの

②基準地価……………都道府県知事が一般の土地取引の指標とすべく算定するもの。公示地価を補完する意味が強い

③固定資産税評価額…市町村が固定資産税などの課税のため算定するもの。公示地価の7割程度

④相続税路線価………国税庁が相続税や贈与税における課税額を算定するために公表している、路線ごとの価格。公示地価の8割程度

⑤時価…………………実際に取引される実勢価格

では、土地の価値はどう判断したらいいのでしょうか。

土地もモノのひとつであるので、需要と供給、そしてタイミングで価格が決まります。そして価値は土地そのものが持つ普遍性、発展の期待を感じさせる将来性、そして創造力で変化します。

周辺の環境も土地の価値に影響があります。駅までの距離、スーパーや病院などの有益な施設へのアクセス、つまり「利便性の価値」です。また、三角形より四角形のほうが土地を有

図表 1-4　国土交通省の「ハザードマップポータルサイト」

■ https://disaportal.gsi.go.jp/

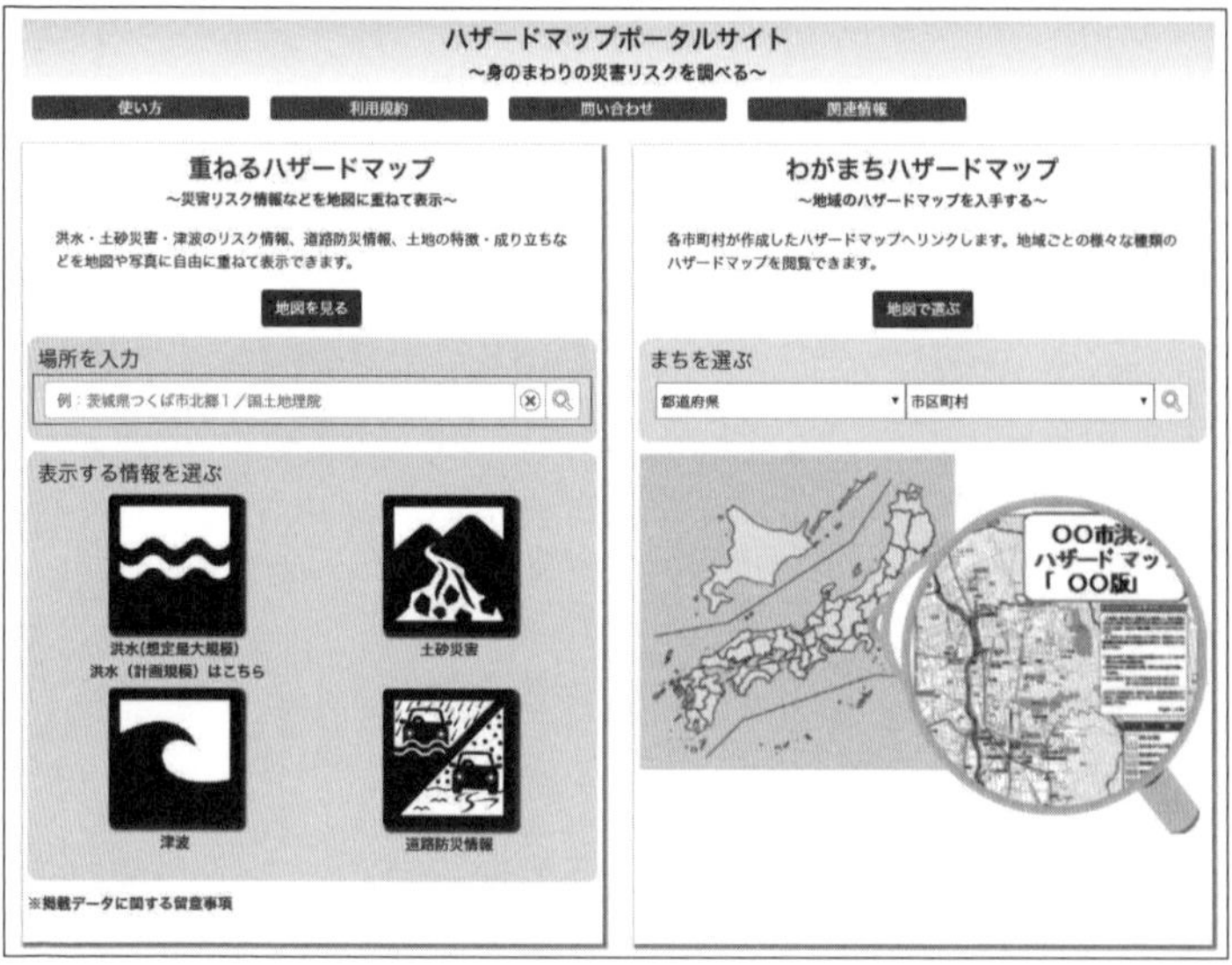

国土交通省のハザードマップポータルサイト。「重ねるハザードマップ」と「わがまちハザードマップ」の２種類あり、洪水、土砂災害、津波、道路防災情報など、さまざまなハザード情報を見ることができる。

効利用できますし、角地のほうが出入りや加工に便利です。このような土地の形状による価値の違いや立地でも価値は変わってきます。

たとえば、道路と2メートルしか接しておらず、奥に向かって広くなっている土地、いわゆる旗竿地《はたざおち》などは不便なので価値が低くなることはよく知られているところです。

その土地の現在の本当の価値はいくらぐらいかを見抜き、本当の価値と購入価格の差が大きい（＝歪みがある）ほど、

投資物件としての魅力は増します。

それに必要なのは、現地調査を含む目利き力と想像力です。これらは経験を積むことによって身につけられます。

通常の不動産売買における「購入価格」にあたるのが、競売では「入札価格」です。この「入札価格」と「本当の価値」の価格差をいかに広げられるかがポイントです。

不動産を購入してしまったあとでは立地は変更できません。客付けしやすい（入居者様が入りやすい）立地なのか、将来売却するときに高く売れそうな（誰もが欲しがるような）立地なのかがとても重要です。

とくに近年では、自然災害のリスク（台風による床上浸水、屋根の破損、竜巻、地震、火山の噴火など）への備えは必須です。その点では、国土交通省の「ハザードマップポータルサイト（https://disaportal.gsi.go.jp/）」や各自治体が用意している「ハザードマップ」を確認しておくことも重要です。**立地の選定は最重要事項です。**

次に建物の持つ価値を見ていきましょう。

まずは建物の持つ「機能価値」です。機能価値とは、独自性や建物自体のオリジナルな価値

図表 1-5　建物の価値を構成する要素

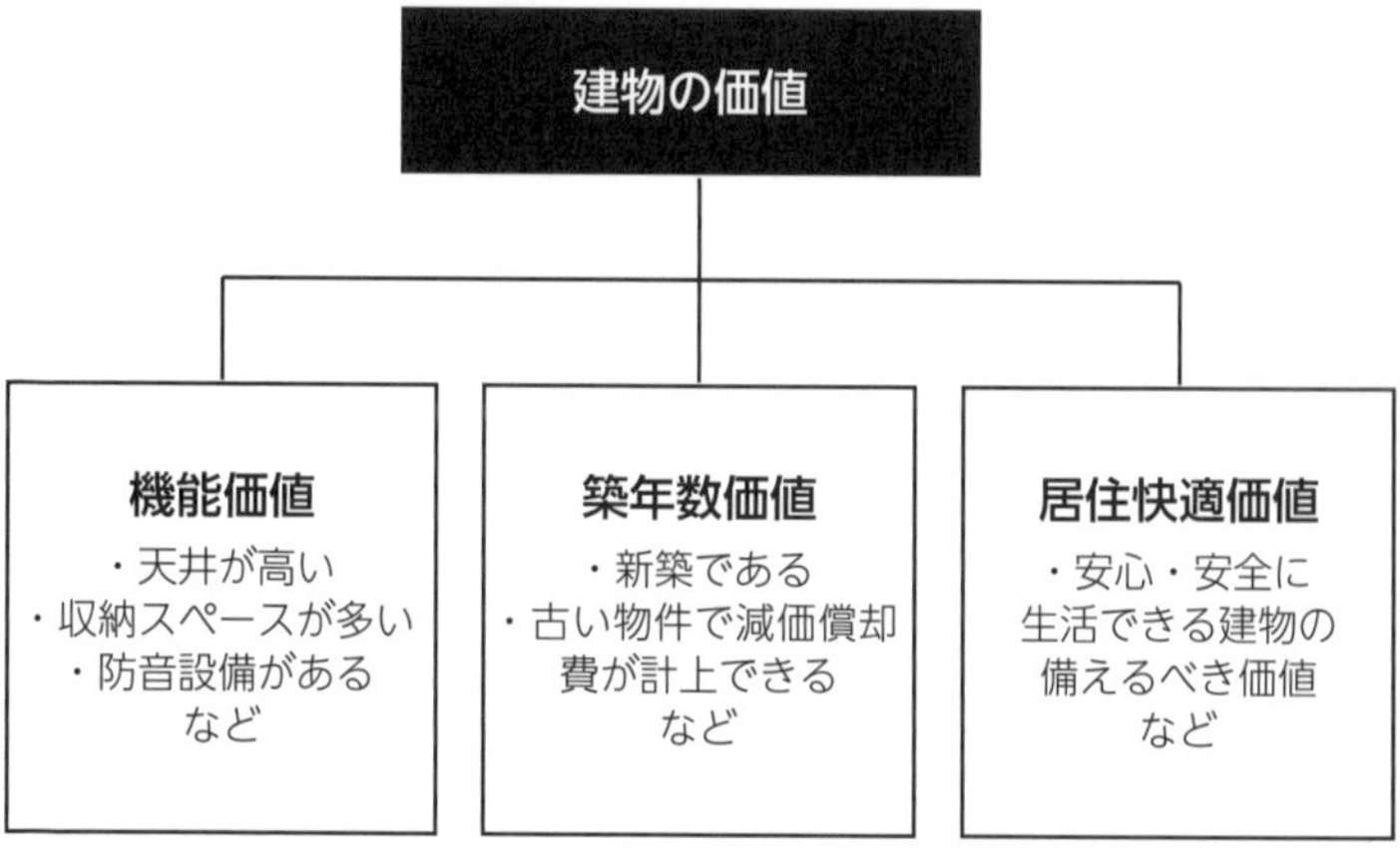

・新築である
・古い物件で減価償却費が計上できる

のことで、たとえば次のようなものがあります。

- 天井が高い気持ちの良い部屋
- 収納スペースが多い部屋
- 楽器を演奏できる防音設備がある部屋
- 車を収納できるガレージ一体型の部屋
- サーファーが庭でシャワーを浴びてさっぱりしてから入室できる部屋

以上のような建物が、機能価値を持っているといえます。

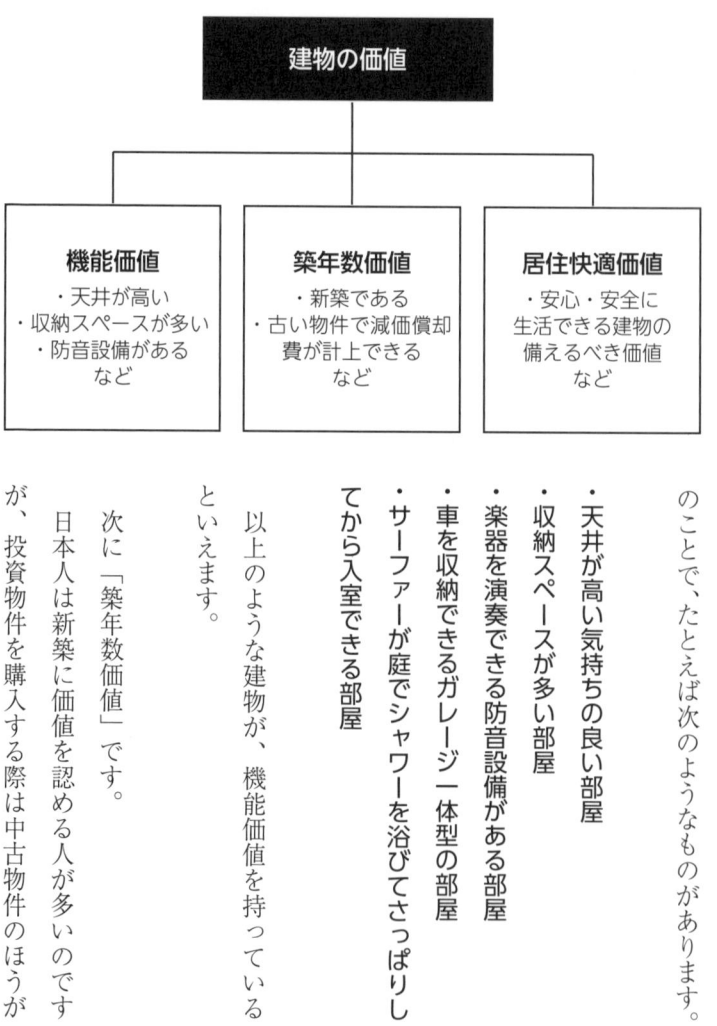

次に「築年数価値」です。

日本人は新築に価値を認める人が多いのですが、投資物件を購入する際は中古物件のほうが有利で、魅力的であるといえます。なぜなら、建物は素材により法定耐用年数が決まっており、「減価償却」という別の価値を持っているからです。減価償却については後述しますが、古い物件ほど美味しく税金を節約できるのです。

最後に「居住快適価値」です。

人が生活する建物は、たんに雨風をしのげればいいというものではありません。休息や団らんなど、人間らしい生活を送るための基本となる〝場〟としての価値があります。その意味では、建物のグレードや価値にふさわしい、快適で安全に生活できる建物として備えるべき価値を考慮する必要があります。

ポイント② タイミング（マクロ／景況判断）

一般的な不動産取引における物件価格は些細な理由で大きく動きます。物件にもよりますが、一声で数十万円の値引きは当たり前です。「適正価格なんてあるのか」と疑ってしまうようなこともあります。売り手の決算時期の都合、抱えている在庫状態、金融機関への返済の都合、相続税の納税の都合など、売り手が早急に現金が必要なタイミングでは、叩き売りのような価格で処分せざるを得ないこともあります。

また、買い手の都合も関係してきます。同じ物件でも、両者の都合、時期の違いなどにより大きく価格が変化するのです。

タイミングがとても重要ということです。

バブル真っ盛りのときのように、みんなが土地を買うときに土地を買うのは高値づかみをしてしまいます。高値で買ってしまい、バブルが弾けて価格が暴落したあとに土地を売ろうとしても、含み損が膨らみすぎて売るに売れず、塩漬けにするしかないようなことが起こり得ます。

不景気のとき、みんなが土地を買わないとき、買えないときに土地を買うのは、勇気がいりますが、安く仕入れることができるタイミングです。

他人（大衆）と反対のことをすることが成功の秘訣です。このことは不動産投資にかぎらず、すべての投資に共通する真理です。価値あるものを、他人が見向きもしないときにしっかり観察し、激安になるまでしっかり待って買い、買えなかったときは縁がなかったと、あっさり諦める——このような冷静な判断ができるかが成功と失敗を分けるのです。

そんな判断をするには「**基準**」が必要です。その基準はどうやってつくるのでしょうか。

経験を積み、オリジナルの判断基準をつくり上げます。それがまさにその人の「不動産投資の勝ちパターン」です。**自分にとっての最適の勝ちパターンをつくる必要があるのです。**なぜならば、人によって、資金量、住んでいる所などさまざまな要素がからみ、まったく同じパターンが適用できないからです。

腰をすえて、オリジナルの「不動産投資の勝ちパターン」をつくりましょう。

大衆心理をよく理解し、美味しいところだけを狙っていきます。不動産投資は長期投資が前提です。大きな金額が動きますので、**美味しいタイミングを待つことがとても重要です。**そのタイミングを待てるかどうか、景況判断が重要です。

競売におけるタイミングは、入札するまでに資金計画をしっかり立てられるか、手元にどれだけの余裕資金があるのか、約４週間の検討期間をどのように使い、判断するかです。

ポイント③ 資金計画（手法／入口・出口）

不動産投資は資金計画ありき、といっても過言ではないでしょう。

物件を購入するときに、借り入れせずにすべて現金で購入するのか、すべてローンで賄うのか、何割の頭金を必要とするのか、金利はどうか――これらを考えていきます。

重要なことはまず出口から考えることです。

将来の売却予定価格と現在の購入価格の差が利益です。

不動産を購入する際は、いつ、いくらで売却する予定なのか、売却予定価格を想定してから逆算して購入価格帯を検討します。いくらで入札し、何年後、いくらで売却する予定なのか、多くのシナリオを描きます。どの時点で赤字から黒字に転換させるのかを考えながら、シナリオをつくるのは楽しい作業です。

明るい未来を描いてばかりで妄想にふけってばかりではいけません。最悪のシナリオもつくっておきます。銀行融資を使った投資の場合、空室が何部屋、どのくらいの期間までなら、ローンの返済は可能かなど、あらゆるシミュレーションが必要になります。

利益が出ないと思える物件はさっさと見送りましょう。儲からないと感じる物件に興味をもってはいけません。

何ごとも起こりえるのが世の中ですから、想像できうる範囲でシナリオをつくっておきます。

「天災は忘れた頃にやってくる」

この言葉は真実だと思います。東日本大震災（２０１１年）から9年の歳月が経ちました。

その間にも多くの自然災害が起こっています。身近に感じないと、つい忘れそうになってしまいます。

先日、こんな記事が目にとまりました。

「富士山噴火なら新宿に灰1センチ　『宝永噴火』モデルに政府推計」

政府は22日、富士山の大規模噴火にともなう首都圏への降灰について、１７０７年の「宝永噴火」をモデルに時系列で検証した結果を中央防災会議の作業部会で示した。昨年12月の風向・風速を基に推計、神奈川県西部で噴火2日目に10cm超、東京都新宿区では14日目に1cm積もるとした。（中略）推計では羽田空港への影響が懸念される東京湾上は6日目と10日目に1・5cmずつ堆積し累計は4・5cm……（２０１９年3月22日付　共同通信）

富士山が活火山という事実を忘れていました。東京湾上に4・5cmも火山灰が積もるとは驚

きです。建物の屋根に火山灰が積もると、雪のようにはとけないので雨どいや排水管が詰まるなど大変な事態になるはずです。洗濯物も干せなくなるでしょうし、交通網は麻痺し、各方面に多大な影響を与えることは間違いありません。警戒、対応を準備したいところです。

もうひとつは〝地球の温暖化〟です。「北極の氷がとけて水面が上昇する」、それとは逆に「氷河期がくる」など、いろいろな話を耳にします。将来のことは誰にもわかりません。ただひとつ言えるのは、危機を想定して準備しておけば、迅速に対処できるということです。

私が描く不動産のシナリオのひとつは「温暖化による海面上昇」です。海抜20メートルのシナリオです。海抜20メートルだと関東平野はかなりの部分が水没の対象になります。名古屋も大阪も平野部分は関東と同様に水没します。水没の逆、渇水シナリオもあり得ると考えています。これらのシナリオは外れてほしいのですが、備えだけは十分にしておきます。

第2章

競売の優位性——不動産取引のブルーオーシャン

サラリーマンにとっての不動産投資のリスク

いざ、不動産投資をしようと考えると、さまざまな疑問や不安が浮かんできます。競売による不動産投資となればなおさらでしょう。でも、まずは落ち着いて、フラットな目線でサラリーマンにとっての不動産投資におけるリスクについて考えてみます。

そのリスクは次の４つあると考えています。

・リスク① 物件入手前の「カモネギリスク」
・リスク② サラリーマンゆえの「失注リスク」
・リスク③ 物件入手後のリスク
・リスク④ 競売におけるリスク

どんなリスクがあるかを把握していなければ対処のしようがありません。これらのリスクを知っておくことで、事前にリスクを回避するのです。では、それぞれのリスクについて説明していきましょう。

リスク① 物件入手前の「カモネギリスク」

普通のサラリーマンにとって、不動産はマイホームを買うか、マンションを買うか、賃貸マンションを借りるか、駐車場を借りるか、そのようなときに接するぐらいしか縁はないと思います。目利きができるスキルがないので、不動産業者にカモにされる可能性があります。まさに「カモがネギを背負ってくる」状態です。

しかし、「カモにされている」ことがわかっていれば、無意識に警戒心が働きます。この警戒心はとても重要で、常に抱き続けておくことが大切です。

リスク② サラリーマンゆえの「失注リスク」

また、「良い投資物件への失注リスク」があります。投資用不動産を購入する場合、以下の流れになることが多いと思います。

①インターネットの不動産投資サイトなどで物件を見つける
②不動産業者様へ購入希望価格を記入した「融資特約ありの買付申込書」を送る
③金融機関の融資を受ける
④不動産購入

「買付申込書」は、法的拘束力がありません。購入希望金額を気にすることなく書いて問題ありません。

②の「融資特約」とは、「銀行の融資が付いたら買います」という特約のことです。現金購入以外は銀行の融資がないと物件が買えないので、融資特約ありの「買付申込書」を書くことになります。

不動産業者によっては、買付申込書を提出した順に優先させるところもあるので、**人気があって奪い合いになるような物件は、とにかく早く買付申込書を出すことが重要です。**

この「買付を出す」タイミングが、サラリーマン投資家が良い物件を買えない失注リスクになっています。忙しいサラリーマンには、このハードルが高いのです。

良い物件は、いつインターネット上のホームページに掲載されるかわかりません。良い物件ほど、あっという間にホームページの掲載から消えてしまいます。つまり瞬時に成約してしまうのです。業者間の取引であったり、理由はさまざまでしょう。良い物件ほど世間にさらされる時間は限られています。

その限られた時間に、仕事をしているサラリーマン投資家が良い物件にアクセスするのは、まず不可能なのが現実です。不動産投資サイトにずっと掲載され続けている古い物件から、投資先を見つけることになります。

リスク③ 物件入手後のリスク

物件入手後には次のようなリスクがあります。

・ローンを組んだ場合のローン返済不能リスク
・家賃を回収できるか回収リスク
・入居者の苦情対応リスク
・水回りなどの修繕リスク

・経年劣化による建物補修リスク
・災害などによる建物ダメージ、住民対応リスク

リスク④ 競売におけるリスク

競売というシステムそのものには、次のようなリスクがあります。

・瑕疵担保責任の適用がないリスク（購入したときにわからなかった欠陥があった場合、売主が買主に対して負う責任）
・事前に物件の内側を確認できないリスク
・落札者の費用と責任において、居住者に対し、物件の明渡しを求めなければならないリスク

これらを見て、やはり不動産投資はやめておこうかと思うかもしれません。でも、安心してください。これらのリスク対策については、第4章で説明します。

競売のリスクは簡単にメリットに変えられる

ここでは競売最大のリスクを、メリットに変えることを説明します。

競売における最大のリスクは、すでに述べたとおり、物件を落札して入手した人の費用と責任において、居住者に対し、物件の明渡しを求めなければならないことです。

昔はプロの占有屋と呼ばれる人がいました。プロの占有屋とは、競売物件に不法に居座り、物件入手者から法外な立ち退き料を要求する人のことです。

現在では法整備も整い、「明渡し訴訟」や「引渡し命令」そして「強制執行」など、不法占有者に対して、合法的に明渡し、追い出しができる環境は整っています。こうした法律を盾にして、感情を抜きにすれば、追い出しはやってやれないことはないと思います。しかし、普通のサラリーマンがこうしたことを実行するにはメンタル的、時間的、コスト的なハードルが高すぎます。普通の人ならここで諦めてしまうのではないでしょうか。

でも、よく考えてください。力ずくで追い出さなければならない物件を落札するから苦しむのです。つまり、**住んでいる人を追い出す必要がない物件を落札すればいいわけです。**

具体的にいえば、アパートなどの収益物件を競売で落札します。賃貸アパートに毎月家賃を払って入居している人をわざわざ追い出す必要はありません。むしろ、家賃を払っていただけるかぎりは、ずっと出ていかずに居座っていていただきたいほどです。

物件オーナーの最大の悩みは、空室による家賃収入が発生しないことです。この空室リスクを入居済みのアパート競売物件はカバーしてくれるのです。**「明渡し」をしなくても済む、入居者を追い出す必要がない競売物件、それはアパート競売です。**

どうですか。こう考えることで、リスクは大きなメリットになるのです。

競売不動産で実質利回り17・6%を実現！

では、私が競売不動産投資でどれだけの利益を上げているのかを披露しましょう。これは、私が初めて購入した競売物件です。

私の競売物件での実質利回り（年間）：17・6%

実質利回り＝年間純収入（年間家賃総額）

－年間経費（管理費＋修繕金＋固定資産税＋火災保険料など）
÷投資金額（落札金額＋登録免許税＋不動産取得税など）
×１００

競売物件であれば、実質利回り30％は目指したいところですが、まったくの素人が初めて落札した競売物件と考えれば、年17・６％の利回りは上出来ではないでしょうか。

この競売物件は、銀行からの借り入れをせずに購入したので、家賃から管理会社の管理費、修繕費、税金を除いたすべてが私の手元に残ります。実質利回り17・６％とは、仮に１００万円の投資をした場合、年間17万６０００円が手元に残る計算です。１０００万円の投資であれば、年間１７６万円、５０００万円の投資であれば、年８８０万円が手元に残ることを意味しています。

もし会社からいただくお給料以外に、毎年、安定的に年間

図表 2-1　実質利回りの計算式

実質利回り＝
年間純収入（年間家賃総額）
－年間経費(管理費＋修繕金＋固定資産税＋火災保険料など)
÷投資金額（落札金額＋登録免許税＋不動産取得税など）
×100

176万円のお金が手元に残っていたら、どうでしょうか。

100点満点の結果にこだわりすぎると、私は逆に息苦しさを感じます。**目的と手段が逆転してしまいそうです。ですから、60点程度で満足するようにしています。**お金だけに執着するのではなく、「そこそこ」くらいが無理がなくて、サラリーマン投資家にはちょうどいいような気がしますし、気楽でいたほうが楽しい人生になるような気がするからです。そう考えれば、年17・6％程度の利回りで十分ではないでしょうか。

ストックビジネスのうま味とは？

「ストックビジネス」という言葉をご存じでしょうか。ストックビジネスとは、定期的に安定した収入が見込めるビジネスのことです。

会員を囲い込み、固定収入＋αを得ることで成長を目指します。

ストックビジネスには、次のようなものがあります。

・不動産投資における家賃収入

・月額制のサプリメント、ゲームアプリ
・会員制のスポーツジム、英会話スクール、料理教室、通信教育など

なかでも群を抜いて安定しているのが不動産のストックビジネス＝不動産賃貸事業ではないでしょうか。なんといっても、２年契約の縛りがあります。賃貸契約期間が２年間になっている安定感はたまりません。しかも、入居するときは、礼金として家賃１カ月分をいただきます。退居するときのために、室内の修繕の準備として、あらかじめ敷金として家賃の１カ月をお預かりします。２年後の更新時は、更新料として家賃１カ月分をいただきます。

なんと恵まれたビジネス環境なのでしょう。しかも、契約やクレーム処理、家賃の回収など大変な手間は管理会社へアウトソーシングできます。まさに手間いらずです。サラリーマンはこんなに美味しいストックビジネスを、やらない手はないと思います。

不動産投資が「不労所得」といわれる理由

一般的に投資は、リスクをとって、リターンを得る行為を指します。

不動産投資も専門知識を必要とし、常に調べものをし、変化に対応できるように勉強しなければなりません。さらに、不動産投資には物件の管理が必要になります。

不動産賃貸管理業務は、別名クレーム産業とも呼ばれています。時間帯にかかわらずいろいろなところから電話が入ります。上の階の部屋の住人の歩く音がうるさい、隣の部屋のＴＶの音が深夜なのにうるさい、キッチンの配管が詰まって水が流れないなど、建物も入居者様も十人十色なので、本当に対応が大変です。

しかし、不動産賃貸管理業務は、すべてをアウトソーシングできます。不動産業は歴史があり、業界のすそ野が広く、管理業務をアウトソーシングできる賃貸管理業が存在するのです。

では、その大変な業務を管理会社に委託してしまったオーナーは何をしているのでしょうか。**特にすることはありません。**たいていの場合、管理会社からの事後の処理連絡を聞くぐらいです。キャッシュを稼ぎはじめたら、オーナーはすることは特にないのです。管理会社からのトラブル発生報告に対する対処の判断と指示ぐらいでしょうか。

不動産投資においては、キャッシュを稼ぎだすまでの仕組み作りと環境整備が、オーナーの主だった業務といえるかもしれません。不動産投資は、本業を別にもつサラリーマンにも取り扱い可能なビジネスなのです。

サラリーマンだからこその強み

我々はサラリーマンとして鍛えられています。日々の仕事で業務の収益計算、見通し、段取り、上司へ報告する資料の作成、現場の調査やヒアリング、トラブル対策、接客、物づくりの工夫、作業精度の改善などで、もまれています。そのスキルは不動産投資にそのまま生かせます。

不動産投資が初めてでも、日々の仕事を真面目に取り組んでいる人であれば、扱う品目が変わるだけで取り組む姿勢は同じです。

競争する土俵が同じなので、プロと比較すると一見不利に見えます。しかし、尻込みする必要はありません。

不動産業界は多くの歪みが存在しているのでスキマ時間を活用し、しっかり勉強して、経験を積んでいけば、思いのほか簡単に利益をあげられるようになります。

しかも、安定した利益です。ストックビジネスの王道です。サラリーマンとして積み上げてきた、知識、知恵、そして経験が生かされます。

繰り返します。不動産業界には歪みがあります。小さな不動産業者が多数生き残っているのが何よりの証拠です。スキマ時間を活用し、新たな時間軸を活用することにより、無理なくスキルや富を積み上げていけると考えています。

少しの工夫で、大きく成功する確度が上がる

「段取り8分」

「勝敗は始まる前に決まっている」

私が好きな言葉です。何事をするにあたっても段取りは大切です。それでは不動産投資においての段取りとはなんでしょうか。

資金準備、収益計算、利回り、登記の権利関係確認、現地調査、周辺アパートの空室率、周辺の家賃推移、人口の推移、その地域経済の成長性、企業の誘致具合、住民の生活環境の確認、スーパーマーケットや小中学校の位置の情報収集、ハザードマップを使った災害時の対策や災害の歴史の確認……いろいろあります。

細かいところでは、どんな管理会社が管理しているのか、入居者の家賃の支払い具合はどうか、入居者同士のトラブルはないか、近隣と入居者のトラブルはどうか、軒下の基礎部分や下

水の配管の位置はどうなっているか、屋根の雨漏りの有無、台所の漏水、給湯器の傷み具合、水圧の具合、エアコンの劣化具合、ゴミ収集所管理、ゴミ出し状況などなど、気に出したらキリがありません。

でも、ここまで事前にわかっていたら、安心して投資ができるのではないでしょうか。まさに「勝つべくして勝つ」です。

それでは、どうやってこれらの情報収集をすればいいのでしょうか。

不動産管理会社へのヒアリングと現地調査でのヒアリングが鍵を握ります。どこまで聞き出せるか、情報の量と質で私は最終判断を下します。ほんのちょっとした工夫で驚くべき生の声を聞くことができます。

私は現地調査に行くとき、「おせんべい」が入った袋を腕にぶら下げて調査をします。かなり長い時間、物件周辺をうろうろしています。不思議なもので、通りすがりの人に挨拶をすると、皆さん、競売物件を調査する業者の人間に興味があるらしく、勝手にいろいろと話してくれることが多いのです。私が頼んでもいないのに、何から何までその方が知っている多くのことを無料で教えてくれます。私にとっては喉から手が出るほど知りたい情報、お金を払ってでも知りたいことを、です。感謝の気持ちでいっぱいになります。路上での世間話で終わらず、家の中にまで招いていただき、お茶までご馳走になったこともあります。せめてものお礼に腕に下げている「おせんべい」の箱をお渡しします。

勇気を少しだけ出して通りがかった人に挨拶するだけの工夫です。投資が成功する確率が格段に上がります。

実は競売は競合相手が少なく、安全な美味しい市場

ここまでお読みいただければ、競売は思っていたほど、怖い世界ではなさそうだと感じていただけたのではないでしょうか。

では、入札での競合はどのくらいいると思いますか。

競合数は入札数でわかります。物件しだいではありますが、1物件当たり入札数は数件だったり、人気がある物件は20件近くあったり、まちまちです。しかし、実感としてはまだまだ少ない数字だと思っています。**2004年（平成16年）に民事執行法が改正され、さらにサラリーマン投資家が手を出しやすくなったにもかかわらず、思いのほか競合が少ない**のです。

つまり認知度が低いのです。これも歪みのひとつです。

図表 2-2　BIT（不動産競売物件情報サイト）

● http://bit.sikkou.jp/

意外と知られていませんが、競売物件は裁判所によってインターネットで公開されています。「えっ?」と驚いてしまうのではないでしょうか。

競売物件の情報をインターネットで公開するシステムをＢＩＴ（Broadcast Information of Tri-set system）システムといい、全国の裁判所で導入されています。インターネットの利用が可能であれば、誰でも利用できます。会員登録などの手続もありませんし、利用料などの費用は一切かかりません。

ＢＩＴの主な機能を簡単に説明します。

①物件情報検索

公告中（期間入札及び特別売却）の物件について、「物件種別」「所在地」「交通」などのほか、「面積」「間取り」「築年月」など、さまざまな条件を設定して検索できます。

物件の取り下げや売却期日の変更などで公告が取りやめられた場合も、原則として即日反映されます。

また、過去（最大3年分）の売却データも条件検索ができるので、たとえば「仙台市青葉区の３ＬＤＫのマンションは過去いくらで落札されているか」など、入札の際の目安にすることもできます。

②3点セットのダウンロード

これまで、裁判所でしか閲覧・謄写ができなかった「3点セット（100ページ参照）」が、BITサイトから閲覧・ダウンロードできます。公開期間中は24時間アクセス可能で、公開初日も午前0時から利用できます。なお、BIT版3点セットは、「PDF」形式のファイルです。

③開札結果の閲覧

売却価額や入札数などを閲覧できます。開札結果の公開は、開札日当日のおおむね午後3時からとなります。そのほか、BITサイトでは、売却スケジュール・競売手続の説明、用語解説などの情報も提供しています。

第4章でさらに詳しく説明しますが、この「3点セット」の充実ぶりがすごいのです。「現地に行かなくてもいいかも」と思わせるような調査報告書です。しかも写真付きです。調査官がわかる範囲で報告してくれています。一見の価値ありです。

「ブルーオーシャン」な不動産競売の世界に飛び込もう！

ここまでのお話を少し整理してみましょう。

「強面のお兄さん」「不法占有者」「不法占有をお仕事にしている人」「明渡しは自分の責任でやる」――これらの言葉だけ見ても、あまり近づきたくない世界に感じます。参入のハードルは高そうですね。

だからこそなのです。

現在は「強面のお兄さん」は開札会場にいませんし、すでに「明渡し」や「不法占有者」へ合法的に対処できる法整備は整っており、昔と今では状況が一変しています。この環境の変化、情報の歪みを利用しない手はないのです。

ほとんどの人は、競売はいまだに怖いと思い込んでいますし、思い込まされています。もちろん、勉強していない、まったくの素人では危険です。しかし、正しい知識を身に付け、経験を積んでいけば、そんなに恐れる世界ではありません。

学ぶ手順は、通常のビジネスと同じです。競売は常識が通用する普通のビジネスです。**普通のサラリーマンの私ができていることが何よりの証拠です。**

特別な世界の雰囲気をまとっているふりをしているだけです。サラリーマン投資家も、この情報の歪みを利用していただき、ブルーオーシャンへと飛び込んでみませんか。スキマ時間を積み重ねていけば、そんなに負担は重くありません。

【コラム①】担保価値が高いサラリーマンこそ融資を受けやすい

金融機関は「晴れているとき、傘を差しだし、雨が降りはじめると、傘を取り上げる」といわれています。このセリフはある金融機関で融資を受けたとき、銀行の融資担当者が笑いながら言っていた言葉です。銀行はお金を必要としている人たちに、お金を貸してはくれますが、どんなにお金が必要でも、返済が滞りそうな人、貸し倒れになりそうな人には絶対貸しません。

そんな慎重な審査姿勢で融資審査をしても、貸し倒れになる可能性は残っています。銀行はそんなリスクをカバーするためにも、しっかりとした担保提供を求めてきます。融資対象物件そのものの担保価値はもちろん、最初に入れる頭金の金額、保険への加入義務など、可能なかぎりリスクヘッジをしてきます。

そのなかでも彼らが注目しているひとつは、融資対象者の属性ではないでしょうか。その人自身が、いくらの担保価値があるかを見ています。

サラリーマンは毎月決まった給与という安定した入金があります。病気で働けない期間があっても、一定金額は保証されています。しかも、源泉徴収票を見れば、その人が年間いくらの収入があるか一目瞭然で、ある程度の未来予測が付きます。

仮に融資したお金が貸し倒れになりそうだとしても、この給与口座を押さえてしまえば、お金が本人の手に渡る前に、金融機関が毎月一定額を回収することも可能です。担保提供を受けた物件を競売にかけて、融資全額を一気に回収できなくても、給与を押さえることで、取りこぼしの可能性をずいぶん下げることができそうです。

金融機関から見た場合、サラリーマンは安全パイにみえるのではないでしょうか。そういう意味では、小さな企業の社長より、サラリーマンのほうが融資は通りやすいという話も頷けます。

あるカード会社の営業マンとのお話です。話題はプレミアムカードについてのときでした。小さな企業の社長さんは、プレミアムカードの審査にバンバン落とされているとのことでした。カード会社は、決済金額ではなく、リスクの大きさを見ているからです。社長は稼ぎがよいときはいいのですが、売り上げが落ちたとき、返済が滞ってしまう可能性があるとのことでした。

その点、サラリーマンは安定した給与があるので、ローン返済の焦げ付きリスクが低い、信用度が高い、つまり担保価値が高いという話を聞きました。

私はとても意外に感じました。見方によってずいぶん判断が変わるんだなと感心しました。我々サラリーマンは普段そんなふうに考える機会は少ないのですが、融資や信用という切り口からサラリーマンを見つめると、価値が高くて、少し誇らしく感じました。サラリーマンは信用度が高く、担保価値も高いのです。もっと自信をもってもよさそうです。

第3章

「不動産オーナー」には誰でもなれる！

チャンスは身近にある！

大家さんのイメージはどんな感じでしょうか。白髪のおじいさん、土地持ちの高齢者、それとも欲の皮のつっぱった横柄な中年男性でしょうか。

でも実際は目立たない大家さん、隠れ大家さんは身近にゴロゴロいます。そして、よく目をこらして身の回りを改めて見つめ直してみると、大家さんになるネタ、宝の山が気付かないだけでゴロゴロ転がっていたりします。その気になって、その可能性に気付き、行動さえすれば、誰でも簡単に大家さんになれます。私はそんなに突拍子もないことを言っているわけではありません。この本を手にとっていただいているあなたにも、もちろん可能なことばかりです。あなたが抱いている、**「思い込み」を取り除くだけでも、かなりの変化が生まれます。**

たとえば、あなたの親の家（実家）は空き家になっていませんか。これをリフォームして賃貸に出すと家賃収入が発生します。家の駐車場に空きスペースはありませんか。これを他人に貸し出すと駐車場代が入ってきます。転勤で空き家になったマンションをそのままにしていませんか。これを賃貸に出すと家賃収入が発生します。家の中に、空き部屋（独立してしまった子ども部屋）はありませんか。これをホームステイを受け入れるような感じで貸し出すと家賃収入が発生します。

今どきであれば、Ａｉｒｂｎｂ（エアビーアンドビー）で賃料を稼ぐやり方もアリだと思います。

何を無茶なことを言っているのかと思われるかもしれませんが、これらのことは、ほとんど大きな出費、つまり、初期投資をともなわないでできる、簡単で堅実な賃料収入の獲得方法です。少し考え方や見方を変えて実行するだけで収入は発生するのです。

このように誰でも簡単に大家さんになることができ、今までになかった別収入を発生させることが可能です。賃貸収入が入れば、不動産オーナーの誕生です。ちょっとの勇気と行動で誰でも簡単に不動産オーナーになれるのです。

国税庁の「申告所得税標本調査」によると、給与所得以外の所得を国税庁に申告したサラリーマンの数は１８４万人（２０１７年度）です。雇用者数（役員を除く）が５５２２万人（２０１７年12月、総務省統計局「労働力調査」）ですから、約30人に１人が給料以外に何かしらの収入を得ていることになります。そのすべてが不動産投資による収入ではありませんが、サラリーマンでもやる気になれば、給料以外の収入を得ることができるのです。

スキマ時間を作って不動産の勉強をする

私は休日には不動産セミナーに参加して、勉強を重ねていきました。**セミナーに懇親会があれば必ず参加しました。**同じような、悩みをもつ先輩投資家の本音の話を聞きたかったからです。懇親会がなくても、多くのセミナーに参加していると、どこかで会ったことがある人と再会したりして、情報交換できる仲間もできました。

通勤時間には、不動産投資本を繰り返し読み、大切なところにはマーカーを引き、頭に叩き込んでいきました。

やはりここでも、時間の問題が立ちはだかります。仕事が終わって帰宅後、不動産の勉強をするには、肉体的にも精神的にも厳しいものがありました。たまったストレスの発散方法はお酒を飲むことしか私は知りません。晩酌でお酒を飲むと、当然、勉強などできるわけもありません。

ではどうやって、勉強する時間を確保するか。

発想を変えました。夜遅くまで勉強するのではなく、**可能なかぎり早く寝て、早く起きて勉**

強するようにしました。

テレビを見たり、ネットサーフィンをしたりする時間を極力けずり、時間をいかに有効に使うかを優先に考え、ライフスタイルを大きく変えました。

多くの成功者と知り合いになって気付いたことですが、彼らは本当に時間を大切にしています。特に早朝の時間は有効に使えることが理解できました。静かで、創造的なことをするには最高のようです。早朝の1時間と、午後の1時間では、頭の回転数が違うように感じています。

さっそく早起きの訓練をはじめました。いきなり早起きするのは難しいので、徐々に15分ずつ早起きするようにしていきました。1週間かけて体を慣らしていきました。そして1週間続けられたら、自分で自分をとても褒めてあげました。**自分で自分を褒めるのはとても良い習慣です。他人からの評価を気にせずに、自由に生きていける習慣が身に付きます。**一進一退を繰り返しながらも、1カ月かけてなんとか1時間早く起きられるようになりました。これを繰り返し、最終的には午前4時の起床が私にとってはちょうどよい時間だとわかりました。

起きる時間が早過ぎると体内時計が狂い、思考回路に悪影響を与えるようです。呂律《ろれつ》が回らなくなり、思いどおり話せなくなるのです。びっくりしました。

午前5時から午前7時までの約2時間を勉強時間として確保できました。これが毎日ですから、大きなアドバンテージです。土日も同じことを行うので1カ月60時間、1年間720時間です。これに通勤時間、昼食時の休憩時間を追加します。私の場合は毎日1時間30分ほどの時間がとれます。月20日出勤するとすれば、1カ月30時間、1年間360時間になります。朝の勉強時間と通勤時間＋昼食時の時間を合計すると、1カ月90時間、1年で1080時間にもなります。これをすべて投資の勉強時間にあてます。年間で45日間勉強し続けている計算です。

ここまでくると、スキマ時間とは呼べないかもしれません。「継続は力なり」です。自分でも驚いてしまいます。

「種銭」をつくろう

不動産投資の種銭（元手）をつくるのには、裏技はありません。時間をかけて地道に貯金し、積み上げるしかありません。とにかく、お金は使わない。むしろ、持っているものをいかに売るか、捨てるかだと考えています。

サラリーマンの特権を使って銀行でローンを組む、両親に無心する、人それぞれ立場やタイミングによっていろいろな手段があると思います。しかし、王道はコツコツと毎月定額を貯金する給与天引き預金、通常貯金から自動的、定期的に積み立てる自動積立定額貯金、もしくは、給与天引きの自社株購入など、強制的に抜き取られる方法がいいと思います。

実は、**「貯金を続ける習慣」を身に付ける行為は、将来に大きな富を築く練習になっています。**

遊びたい、美味しいものを食べたい、かっこいい服を着たいといった**「欲望をコントロールする力」、「欲望を支配下におく力」を身に付けることは、お金に換算できないほどの価値がある、仕事や生き方すべてにも適用できる魔法の杖**だと思っています。

世の中は誘惑に満ちあふれています。これらの誘惑を排除するのは勇気がいることです。

給与振り込み口座から毎月強制的に定額を抜き取っておく「仕組み」を活用するのはとても有効だと思います。急がば回れの言葉どおり、落ち着いて時間をかけて種銭を貯めることはとても重要です。

今すぐ稼ぎたい、大きく儲けたいという気持ちを抑える、自分の欲望をコントロールする能力を身に付ける絶好の機会です。この**「自分の欲望をコントロールする力」は一生ものの宝になる能力**だと私は信じて疑いません。富を拡大するには必須の能力です。

種銭を積み上げている期間は、「種銭」が貯まったときにどう運用するかの「準備期間」、「勉強期間」となります。不動産投資であれば、10年、20年という長期の投資案件になるので、購入前にやっておくことは山ほどあります。

- 賃貸管理を任せる管理会社の選択基準はどうするか
- 物件購入前に出口戦略（いつ、どのくらいで売却するつもりか）はどうするのか
- 建物の水回りのメンテナンス計画はどう立てるか
- 災害リスクを軽減するための立地選定基準、建物設備変更はどう対策を打っておくのか

このように、不動産投資は現金を扱うまでにそれなりの準備期間、トレーニング期間が必要です。投資のシミュレーション、シナリオづくり、災害対策が重要です。この期間をいかに有効に使い、種銭をどれだけ貯め、どれだけ多くのトレーニングを積み上げていくのかはとても有効な戦術です。

見栄を張らず、他人の目を気にせず、目標に向かって真っすぐ進む。無駄なモノを買わない、お金を使わない、自分の信念を貫いていく――私はこんな生き方がかっこいいと思っています。

お金を増やすための心がまえ

「増やそう」という強い意志を持たないかぎり、お金は絶対に増えません。

「入りを最大に、出るを最小に」がコツです。当たり前のことですが、これを継続して実行するのは意外と難しいものです。1日や2日なら簡単です。しかし、数週間、数カ月という時間の単位になると少しハードルが上がります。これができるかどうかにかかっています。

たとえば、天気予報が夕方から雨の予報を出した日、折り畳み傘を携行していますか。ついコンビニでビニール傘を買い、無駄にお金を浪費していませんか。水筒を活用せず、コンビニで清涼飲料水を購入していませんか。1回の費用は小さいのですが、積み重なるとボディブローのように効いてきます。まさに生活習慣と密接な関係があります。

昔見た、ある映画の話が脳裏にこびり付いています。お金持ちと貧乏人の違いです。

喉がカラカラに乾いた人の目の前に、ポタポタと、ほんの少しずつしか水が垂れてこないコップがあります。貧乏人はすぐにゴクゴクと飲み干してしまいます。そしてまだ喉の渇きをいやすことができずに喉が渇いた、水が欲しいと嘆いています。お金持ちはじっと我慢して、コップからあふれ流れてきた雫を舐めて、渇きをいやしていきます。コップの中の水は満杯のままです。原資には手をつけていません。

お金持ちと貧乏人の分かれ目はこの心がまえだと私は考えています。おそらく、すべての分かれ道、分岐点は自分の心の中にあるのではないかと思っています。

お金持ちと貧乏人では、のどの渇きという生理的欲求に対する行動が違うのです。喉の渇きを、食べ物や遊び、お金に換えても同じことが言えるのではないでしょうか。

野獣と同じように欲望に従うのか、それとも理性により、欲望を管理して行動していくのか。すべては自分の心がまえしだいです。**お金が貯まりやすい人とお金が貯まりにくい人では、生活習慣や生きる基本姿勢が違います。**考え方を変え、心がまえを変え、このような生活習慣を変えコツコツと時間をかけて種銭を貯めていくのです。

キャッシュフローを理解する

「キャッシュフロー（CF）」とは、簡単にいえば現金の出入りのことです。

「キャッシュフローは大切だよ」というセリフをよく耳にします。そのとおり大切です。でも、どう大切なのか今ひとつピンとこない部分もあります。

※利益＝売上－費用

すべての商売が現金取引であるならば、右の計算で済みますが、現実の取引は「掛け商売」が通常です。商品の仕入費用の支払いは「今月」、商品販売代金の入金は「２カ月後」というような感じです。

極端な例で説明します。

手元に90万円しかないのに、70万円の仕入費用を「今月」支払い、商品販売代金の入金１００万円が2カ月後の場合、２カ月間、現金が手元に20万円しかありません。突然のクレーム対応や、別の仕入れをしたい場合に対応できるか心配です。商品販売先が突然倒産して、１００万円の入金がなくなったら、自分も連鎖倒産に巻き込まれる可能性もあります。

何かあっても大丈夫なように、そして、突然訪れる予期せぬビッグチャンスにいつでも乗れるように手元には潤沢な「現金」が必要です。

多くの人が「キャッシュフローは大切」「現金の流れを把握しておくことは重要」「現金は計画して使うもの」と言うのは、こういう理由があるからです。

図表 3-1　不動産投資におけるキャッシュフローとは

一般的な不動産投資でのキャッシュフローの計算式

不動産投資でのキャッシュフロー
＝家賃収入－ローン返済－必要経費

津井式不動産投資でのキャッシュフローの計算式

津井式 不動産投資でのキャッシュフロー
＝（満室家賃収入× 80%）
－ローン返済
－諸経費（満室家賃収入× 20%）

目指す入居率は 100%（＝満室）だが、
不測の事態に備えて、
空室が 20%ある前提で考えるのがポイント！

では、不動産投資でのキャッシュフローはなんでしょうか。

※不動産投資でのキャッシュフロー＝家賃収入－ローン返済－諸経費

つまり、預金通帳の前月末と当月末の差額です。難しく考える必要はありません。不動産投資専用の銀行口座をつくっておけば管理もラクです。

私はキャッシュフローを銀行通帳で管理しています。月末通帳に記帳するのが楽しみです。

物件購入検討時も、当然キャッシュフローのシミュレーションは行います。
目指す入居率は１００％、つまり満室ですが、事前の計画上では空室は20％見込んで計画を立てます。必要経費は、管理費（５％）や税金、諸費用などざっくり家賃の20％を見込みます。

キャッシュフロー＝（満室家賃収入×80％）−ローン返済−諸経費（満室家賃収入×20％）

たとえば、家賃収入50万円でローン返済が20万円、空室20％の場合は、次のようになります。

キャッシュフロー＝40万円（50万円×80％）−20万円（ローン返済）−10万円（50万円×20％）＝10万円

これが満室の場合だと、次のようになります。

キャッシュフロー＝50万円（家賃）−20万円（ローン返済）−10万円（諸経費）＝20万円

※備考欄の計算式を参考にして計算すれば、将来にわたるキャッシュフローの推移が見えてくる。とくに注意したいのは「満室時年収」。地域によって賃料の値下がり率が大きく異なるので、想定する地域内の築年数別の家賃相場などを考慮して、より実態に近い下落率を設定することがポイント。

(単位：千円)

	3年目	4年目	5年目	6年目	7年目	8年目	9年目	10年目
	3,600	3,564	3,564	3,564	3,528	3,528	3,528	3,493
	2,880	2,851	2,851	2,851	2,823	2,822	2,822	2,794
	360	356	356	356	353	353	353	349
	2,000	1,999	0	0	0	0	0	0
	208	184	159	134	108	82	55	27
	312	312	2,336	2,361	2,362	2,388	2,415	2,418
	128	128	958	968	968	979	990	991
	184	184	1,378	1,393	1,393	1,409	1,425	1,427
	1,216	1,240	1,265	1,290	1,316	1,342	1,369	1,397
	968	943	113	103	77	67	56	30
	2,934	3,877	3,990	4,093	4,170	4,237	4,293	4,322
	1,424	1,424	1,424	1,424	1,424	1,424	1,424	1,424

	16年目	18年目	20年目	22年目	24年目	26年目	28年目	30年目
	3,423	3,423	3,423	3,355	3,355	3,321	3,288	3,288
	2,739	2,738	2,711	2,684	2,684	2,657	2,630	2,630
	685	685	678	1,007	1,007	996	986	986
	0	0	0	0	0	0	0	0
	0	0	0	0	0	0	0	0
	2,054	2,054	2,054	1,678	1,678	1,661	1,644	1,644
	842	842	842	688	688	681	674	674
	1,212	1,212	1,212	990	990	980	970	970
	0	0	0	0	0	0	0	0
	1,212	1,212	1,000	990	990	980	970	970
	11,679	14,103	16,045	18,034	20,014	21,973	23,923	25,863
	0	0	0	0	0	0	0	0

図表 3-2　津井式 満室時キャッシュフロー試算表

<条件>　物件：家賃 5 万円／月× 6 室のアパート
物件価格：1,600 万円（頭金 320 万円、ローン 1280 万円）
ローン金利：2％
減価償却方法：取得価格×定額法の償却率（4 年の場合 0.25）
建物 800 万円、土地 800 万円とすると、800 万円× 0.25 ＝ 200 万円

項目	備考	率	1 年目	2 年目
満室時年収……Ⓐ	3 年ごと 1％減		3,600	3,600
2 割空室年収……Ⓑ	Ⓑ＝Ⓐ×率	80％	2,880	2,880
経費・修繕費……Ⓒ	Ⓒ＝Ⓐ×率	10％	360	360
減価償却費（木造 4 年）……Ⓓ	Ⓓ		2,000	2,000
支払利息（金利 2.0％）……Ⓔ	Ⓔ		256	232
税引前利益……Ⓕ	Ⓕ＝Ⓑ - Ⓒ - Ⓓ - Ⓔ		264	288
実効税率……Ⓖ	Ⓖ＝Ⓕ×率	41％	108	118
税引後利益……Ⓗ	Ⓗ＝Ⓕ - Ⓖ		156	170
返済額（元金）……Ⓘ	Ⓘ		1,168	1,192
キャッシュフロー……Ⓙ	Ⓙ＝Ⓗ＋Ⓓ - Ⓘ		988	978
キャッシュフロー累計……Ⓚ	Ⓚ		988	1,966
返済額合計……Ⓛ	Ⓛ＝Ⓔ＋Ⓘ		1,424	1,424

項目	備考	率	12 年目	14 年目
満室時年収……Ⓐ	3 年ごと 1％減		3,493	3,458
2 割空室年収……Ⓑ	Ⓑ＝Ⓐ×率	80％	2,794	2,766
経費・修繕費……Ⓒ	Ⓒ＝Ⓐ×率	（※）	699	692
減価償却費（木造 4 年）……Ⓓ	Ⓓ		0	0
支払利息（金利 2.0％）……Ⓔ	Ⓔ		0	0
税引前利益……Ⓕ	Ⓕ＝Ⓑ - Ⓒ - Ⓓ - Ⓔ		2,096	2,075
実効税率……Ⓖ	Ⓖ＝Ⓕ×率	41％	859	851
税引後利益……Ⓗ	Ⓗ＝Ⓕ - Ⓖ		1,237	1,224
返済額（元金）……Ⓘ	Ⓘ		0	0
キャッシュフロー……Ⓙ	Ⓙ＝Ⓗ＋Ⓓ - Ⓘ		1,237	1,224
キャッシュフロー累計……Ⓚ	Ⓚ		6,795	9,243
返済額合計……Ⓛ	Ⓛ＝Ⓔ＋Ⓘ		0	0

※ 11 年目～ 20 年目は 20%、21 年目～ 30 年目は 30% で計算

さらに、ローンを組まず全額を現金で購入した場合はどうでしょうか。

キャッシュフロー＝40万円〈50万円×80％〉家賃）－10万円（諸費用）＝30万円

これが手元に残るキャッシュフローのシミュレーションです。

満室へ近付ける工夫努力、ローン返済の削減の工夫努力、経費削減の工夫努力をすることでキャッシュフローも増えていきます。収益向上の主導権は我々オーナーの手にあります。経営の主導権、この工夫が収益不動産賃貸管理のおもしろ味でもあります。

88～89ページのキャッシュフロー表（図表3−2）は、築古のアパート6室を10年の銀行融資を受けた場合のシミュレーションです。シミュレーションの設定によって数字はいかようにも変化します。

繰り返しになりますが、**何が起きてもいいように現金は手元に多めにあったほうがいい**と私は考えています。そもそも無理に不動産投資をしなくてもよいのです。資金計画上、不動産投資をしてはいけない人もいらっしゃるでしょう。

まずは、余裕資金がいくらあるかが、ポイントです。

図表 3-3　津井式キャッシュフローの計算式と計算例

●津井式キャッシュフローの計算式

キャッシュフロー＝
（満室時家賃収入× 80%）－ローン返済
－諸経費（満室家賃収入× 20%）

<満室時家賃収入 50 万円、ローン返済 20 万円、空室 20%の場合>

・キャッシュフロー＝
（50 万円× 80%）－ 20 万円－（50 万円× 20%）＝ **10 万円**

<満室時家賃収入 50 万円でローン返済 20 万円、満室の場合>

・キャッシュフロー＝
50 万円－ 20 万円－（50 万円× 20%）＝ **20 万円**

<満室時家賃収入 50 万円をローンを組まず購入した場合>

・キャッシュフロー＝
（50 万円× 80%）－（50 万円× 20%）＝ **30 万円**

第4章

そもそも競売ってなんなの？

不動産競売とは？

ここからは競売というシステムについて改めて説明していきます。

不動産（自宅やその他、事務所や倉庫など）を担保にして金融機関から借りたお金（住宅ローンなど）を返せなくなったとき、貸した側である金融機関などは貸したお金を回収できなくなります。

そこで、金融機関は、お金を貸し出すときに担保として差し出されている不動産を、裁判所が運営する競売にかけて売却し、貸し出したお金を回収します。この一連の手続きを、不動産競売と呼んでいます。

競売で売れる価格は、相場の70％程度の安い価格でしか売れないといわれています。これは、落札する側から見ると美味しい部分ですよね。

競売は、金融機関が担保提供されている不動産を、裁判所に申立てを行うことで始まります。そして裁判所は差し押さえて、適切に処分します。売られる側からすると、競売にかかると、その事実が隣近所に明らかになってしまい、経済的なプライバシーを知られることになるので、あまりよいことはないように感じます。しかし、法的手段を行使して、強制的にお金を回収する手段、厳しい風景がともなうのが、競売なのです。

知られざる入札会場の様子はどうなっている？

ある日の東京地方裁判所の風景です。東京地方裁判所は閑静な住宅街の街中に溶け込んでいます。東急東横線の学芸大学駅から徒歩12分ほどの良い立地にあります。

開札は、広い会議室で公開で行われます。３名の入札封筒開封者、２名の執行官が封筒を開封して、内容をチェックしていきます。その隣で立会人１名が、暇そうにボーッとしています。後ろの席では６名が集計、確認、チェックなどを繰り返し行っています。時折、入札者らしき人が来て、何かしら問い掛けをしていきます。淡々と開封、整理作業は続けられます。結果発表は午前11時からなので、それまでは静かなものです。

入札者と、結果発表する裁判所の執行官は互いに向き合っている形になっています。演劇の小劇場のようなイメージでしょうか。発表する台には机が5台並べられ、そのうち3台に本日49件分のファイルがずらりと並べられています。入札書が入札価格順に並べられているのでしょう、担当者が何度も内容をチェックしていきます。

開札会場に入場して、開札を待っている人は10分前時点で19名。ほとんどがどう見ても不動産業の関係者です。みなさんおとなしく開札を待っています。

執行官と立会人の間に補助者という人が座り、午前11時になりました。開札会場を見物する人は26名です。入札順位、金額、落札者の名前、入札枚数が次々に発表されます。入札2位者まで発表されます。熱心にメモを取り続けている女性がいました。不動産会社関係の方のようです。大切な情報を聞き漏らさないようにしています。会場が静まり返るなかを、執行官の発表するマイクの声が響き渡ります。ヘッドセットマイクを使っているので、見た目はスポーツ中継のアナウンサーのようです。会場参加者は、自分にかかわる案件が終了すると、そそくさと会場をあとにします。

入札結果は裁判所のBIT（不動産競売物件情報サイト）システムというホームページでも検索できますが、入札会場でしか聞けない情報があります。それは2番手の落札できなかった方の入札価格です。

私が会場に行く目的はこれです。つまり、この**失注金額情報を知ることで、今回の入札金額の検証が可能になる**のです。これが今後の入札価格決定の戦略に大きな効果を発揮します。

たとえば、落札できた金額が102万円とします。2番手の価格は99万円だったとします。

３万円の差で落札を逃したことになります。あらかじめつくっておいた、気になる物件の自分の予想と実際の落札金額を比較します。落札価格、２番手の価格、自分の予想価格、それらの差の理由を自分なりに考え、検証し、次回の入札の「肥やし」とするのです。

その差は何から生まれたのかを、わからないながらも探っていきます。これを繰り返すことで、少しずつ自分の感覚を、「競売相場」に近づけていきます。

競売はゼロサムゲームなので参加者はいろいろ工夫します。１０２万円の入札をするにしても、実際の入札価格は１０２万９９０９円だったり、１０２万１０１円だったりさまざまです。チョットした差が明暗を分けることはあり得ます。ただ、誰しも開札当日に開札会場へ行けるわけではありません。

そこで活用するのが有料の情報配信サービスです。開札会場の誰かが、タイムリーに開札結果をネットで配信していますので、平日の開札会場に参加できなくても、不利ではないのです。

入札の準備、現地調査の実態、何を見るのか

それでは、入札する物件をどのように探せばいいのでしょうか。

まずは裁判所が運営しているＢＩＴ（不動産競売物件情報サイト）システムをチェックします。「ブロックから探す」から入っていき、北海道ブロックなどの探したい地域を選びます。そのブロックにある各地域裁判所ごとの閲覧開始スレッドをクリックすると、その期間に入札できるリストが小さい写真付きで出てきます。写真や「売却基準価格」と記載されている参考価格、住所、土地面積などを確認しターゲットを絞り込んでいきます。

私は「明渡し交渉」や「引渡し命令」など、やっかいごとには関わりたくないので、入居している人を追い出す必要がない、賃貸集合住宅、つまりアパートにターゲットを絞っています。

なお、アパートはＢＩＴシステムでは「戸建」のカテゴリー表示です。

ある程度のあたりをつけたら、3点セットの「物件明細書」にさっと目を通します。注目は「項目2、売却により成立する法定地上権の概略」、「項目3、買受人が負担することとなる他人の権利」、「項目4、物件の占有状況等に関する特記事項」です。この物件を入手した場合、どんな義務と権利が発生するのかを把握します。

この欄にいっぱい文字がある物件はスルーします。やっかいそうだからです。あえて難易度が高い物件に挑む必要はないと考えています。自分に扱える範囲の物件を対象とするにこしたことはありません。

図表 4-1　BIT の検索結果画面

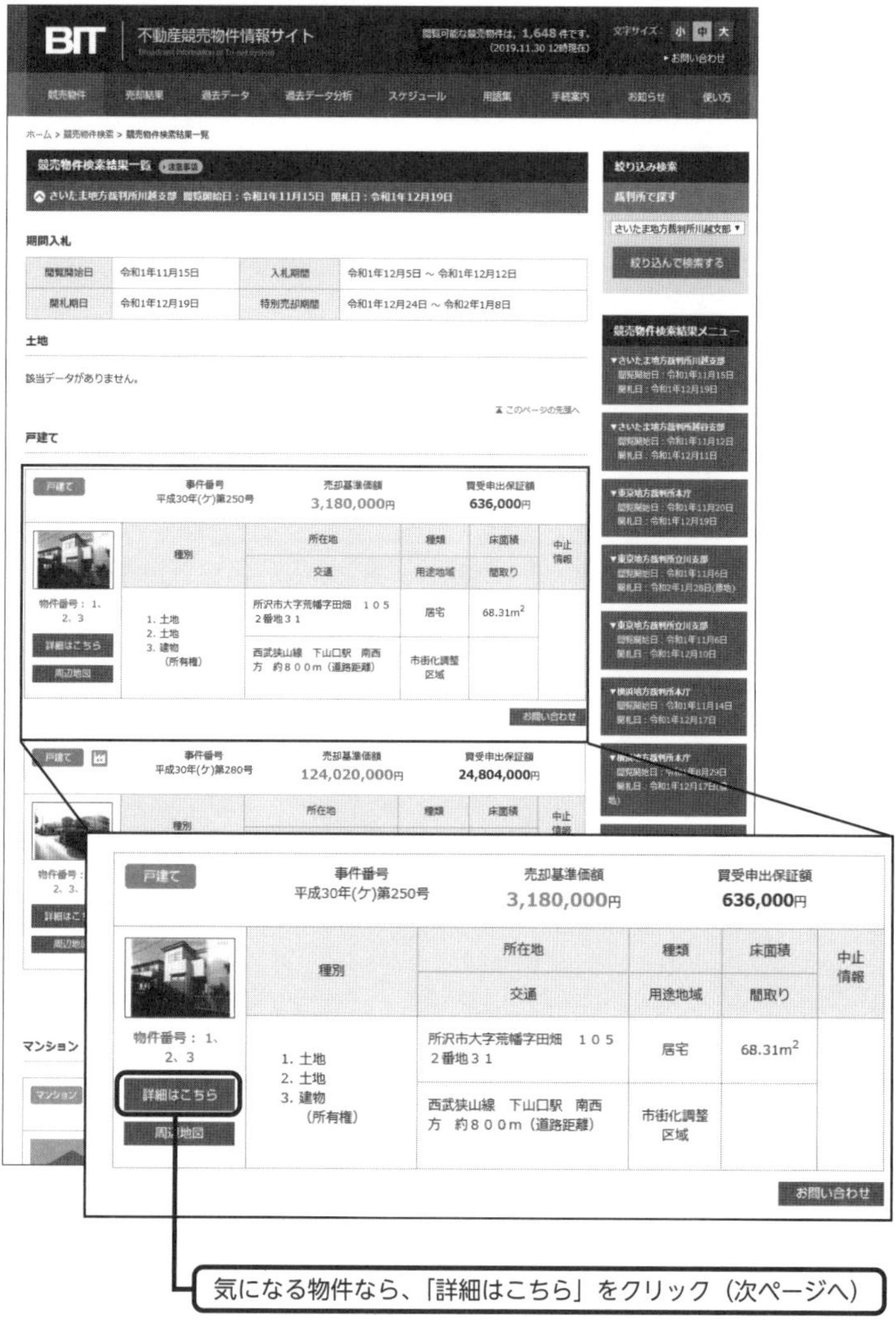

図表4-2　BITの検索結果から「3点セット」をダウンロードする

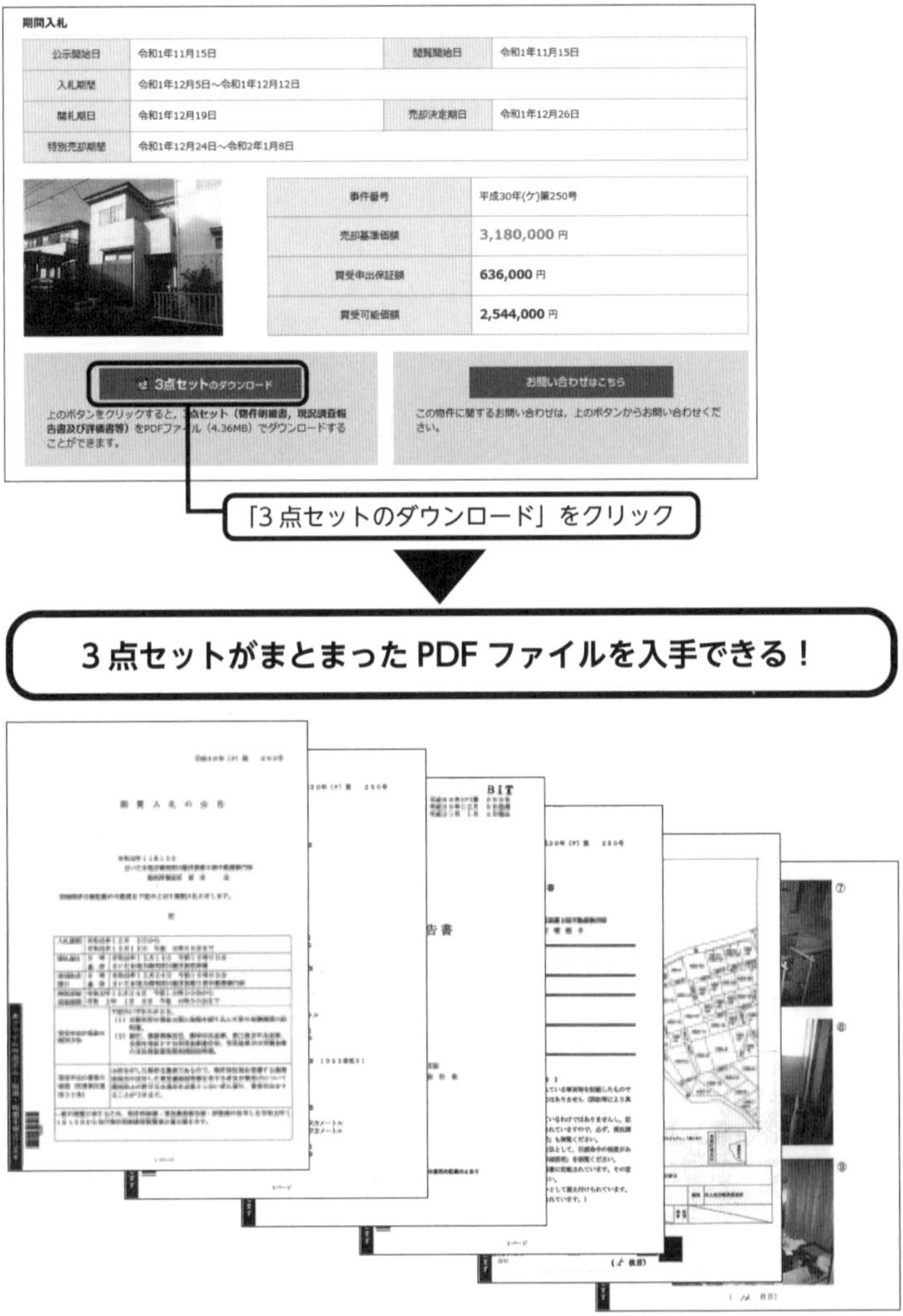

気になる物件は「詳細はこちら」をクリックし「3点セット」をダウンロードして内容を確認し、興味が湧いたものは、独自につくっておいた県別のターゲットリストフォルダに格納しておきます。美味しそうなもの、大きく利益になりそうなもの、そして、自分の手に負えそうなものだけをターゲットにしていきます。

「3点セット」を把握する

ここで改めて「3点セット」について確認しておきます。3点セットとは以下の3つの資料を指しています。

・物件明細書
・現況調査報告書
・評価書

では、それぞれの資料にはどんなことが書かれているのか説明していきます。

・物件明細書

落札する人が負担することになる他人の権利、物件の占有状況に関する特記事項など、権利関係など注意すべき情報が記載されています。その不動産を買い受けたときに、買い受けた人がそのまま引き継がなければならない賃借権などの権利があるかどうか、土地か建物だけを買い受けたときに建物のために地上権が成立するかどうか、参考になる情報が記載されています。

ただし、物件明細書は裁判所書記官が記録上表れている事実などと、それに基づく認識を記載したものにすぎず、当事者の権利関係を確定するものではありません。時間の推移や新たな事実の発生や発覚によって権利関係が変わることもあり得ます。そういう意味で、入札を検討する場合には、必ず直接現地を見に行くなどの調査確認が必要になります。

・現況調査報告書

執行官が、対象不動産の形状、占有関係、その他の現状について調査した報告書です。また、差し押さえに近いタイミングでの現地調査報告書でもあります。以下、内訳です。

《物件目録》

住所、建物の平米数など基本情報です。そのほかに、次のような情報も書かれています。

《占有者及び占有権限》

入居者の名前は塗りつぶされていますが、部屋ごとの入居日や契約期間、家賃、敷金、調査官が入居者にヒアリングした各人のコメントが記載されています。なお、裁判所に掲載されている紙ベースのものには実名が記載されています。

《調査の経過》

債務者と調査員とのやりとりの情報です。ただし、注意点があります。この報告書は関係者の陳述であり、調査員の意見であり、それ以上でも以下でもないことです。つまり、この報告書に裁判所が責任をもっているということではないことに注意が必要です。記載されている情報を鵜呑みにしないことが重要です。

「関係人の陳述等」という欄があります。赤裸々な本音むき出しの意見が羅列されています。自分の権利を思いっきり主張しています。下手な小説を読むより、現実味があり、大変興味深い部分でもあります。

また、「執行官の意見」という欄があります。調査した執行官が気付いた注意点など、冷静な視点で記載されています。「よく調べているな」と、とても勉強になる部分です。

《公図、お部屋の間取図、室内写真》

どの部分をどの角度での写真なのか分かりやすく掲載されています。

・評価書

評価書とは評価人（不動産鑑定士）が競売対象不動産の評価額及び評価の過程を記載した書面のことをいいます。

こちらにも、重要な情報が満載です。次のような内容になっています。

《主な公法上の規制等》

都市計画区分、用途地域、建ぺい率、容積率

《接面道路情報》

《再建設の可否の確認》

《供給処理施設》

上下水道、ガス配管の確認

《土壌汚染の可能性など》

《埋蔵文化財などの有無》

《特記事項》

特に重要。要チェックポイント

《建築時期及び経済的残存耐用年数》

《構造》

《評価額の判定》

裁判所が提示している「売却基準価格」の算定根拠や計算過程、理由が明らかにされています。

《地積測量図》

注目ポイントは、評価書後半部分の「評価額の判定」というところです。素の状態の物件評価額に、市場性修正、競売市場修正、管理費の滞納などを係数にしたものを掛けて、売却基準価格が算出されます。競売物件ならではの見方が入るところです。入札価格を検討する際の参考のひとつになるところです。

あたりをつけた物件を絞り込む

実際に実地調査のために訪問する価値があるものだけにリストを絞り込みます。

この段階では、絞り込みがメインテーマなので、**大雑把に「表面利回り30%以上のもの」をリストアップします。**

※表面利回り＝年間収入÷物件価格×100

※年間収入＝アパートの満室時　平均家賃×12カ月

家賃は3点セットの「評価書」に記載があるものの平均を使う

物件価格は表紙に記載がある「売却基準価格」を物件価格とする

・家賃相場の確認

「3点セット」に記載されている「家賃」と「お部屋の平米数」をピックアップします。そこから現在家賃の平米単価を算出します。

次にその地域の家賃相場をインターネットで調べます。市、町、単位で不動産サイトに家賃相場が掲載されているので、それらを使うと簡単に比較できます。もっと詳細に知りたい場合は、少し手間ですが、不動産賃貸サイトを使い、対象物件周辺のアパートの「募集賃料」と「平米数」を20～30件ピックアップします。「募集賃料」合計を、平米数合計で割ります。するとその狙った地域の平米単価を割り出すことができます。

最終物件を絞り込みたい場合は、**３点セットの平米単価とその地域の平米単価を比較し、対象物件の平米単価のほうが、その地域の平米単価より高かった場合、将来家賃が下がる可能性が高いので、試算時の賃料を市場相場に落として計算します。**

①使う平米単価を決めたら、満室時年収を算出します。
②2割の空室を前提として計画を立てます。
③経費、修繕費はざっくり満室時年収の20％です。
④税引き後利益に減価償却費を足して、ローン元金を引きます。

そして、キャッシュフローを計算し、物件をさらに絞り込みます。

現地調査に行くときのポイント

入札検討物件を絞り込んだら、次に行うのは現地調査です。物件を自分の目で実際に確認します。本当の情報を知りたいので周辺住民や入居者に不審がられないことが重要です。

住宅街での泥棒はスーツ姿が多いと聞きます。警察に不審者として通報されないようにしておくためでしょう。なにより、落ち着いて調査ができなくては、大切なことを感じることができなくなってしまうので、私は不審がられないように変装します。いかにもハウスメーカーの工事担当者が不動産業者の依頼を受けて、その建物を調査に来た感じを装います。

上下ブルーの作業着を着こみ、胸や腕にはいっぱいのボールペンを指しておきます。デジカメを首から下げ、手には資料や図面を挟んだ黄色いバインダーを持ち、腕には菓子袋をひっかけています。どこから見ても、腰が低そうな工事担当者に変身です。これで安心して調査を行います。まずは対象物件の周囲をウロウロします。

まず住環境の確認です。

近くのごみ収集所はどうなっているのか、すれ違う人たちの服装はどうか、すれ違う人々に挨拶しての反応はどうか、道路の汚れ具合、タバコの吸い殻の落ち具合、雑草の生え具合、これらを確認してその住民の生活レベルを観察します。

そして泥棒が入りやすい地域かどうかも見ていきます。その土地が持っている「雰囲気」はとても重要です。これは現地で感じるしかありません。

次は物件です。

建物の屋根を遠くから、もしくは近くのマンションの最上階から屋根の上側を見ます。望遠鏡は必須の道具です。屋根上側のペンキの塗り直しが必要か、コストはいくらぐらいになりそうかをチェックします。次に、近づいて屋根の軒下を見ます。傷み具合、修繕費はどのくらいかかりそうかのチェックです。外壁はどうか、塗装が必要か、必要な場合はいくらくらいかかりそうか、ざっくり大きな金額がかかりそうな部分を確認します。

次に建物の基礎部分です。

床下換気口は暗いので、持参したＬＥＤライトを使い、土台と柱がきちんと接合、乗っかっているか確認します。手抜き工事などで、柱が土台に乗っていなかったり、基礎部分がまともでない建物があったりします。そんな建物は一発で見送りです。

そして水たまりができていないか、水たまりのシミがないか確認します。本来この床下部

図表 4-3　津井式　現地調査チェックリスト

	チェック項目
住環境	□ 近くのゴミ収集所はきれいか?
	□ 周辺住民の服装はどうか?
	□ 周辺住民に挨拶したときの反応はどうか?
	□ 道路が汚れていないか?
	□ タバコの吸い殻は落ちていないか?
	□ 雑草が生え放題で放置されていないか?
	□ 風俗店やパチンコ店などの忌避施設はないか?
	□ 妙な暗がりなどはないか?
防犯	□ 泥棒が入りやすそうな雰囲気ではないか?
物件	□ 高い建物から望遠鏡などで見て、屋根の塗り直しは必要か? 塗り直しが必要な場合はコストはどれくらいかかりそうか?
	□ 軒下は傷んでいないか? 傷んでいる場合は修繕費がどれくらいかかりそうか?
	□ 外壁は塗り直しが必要か? 塗り直しが必要な場合はどれくらいかかりそうか?
建物の基礎	□ 土台と柱がきちんと接合されているか?
	□ 床下に水たまりがないか?

分は乾ききっている部分です。ここに水たまりがあれば、どこかの水道菅、排水管が破損している可能性がある証しです。もし水があるとすると、修繕費の積み上げポイントが増えることを意味します。目視で死角を少なくするために、デジカメのズーム部分を床下換気口へ差し込んで目では見えない部分をデジカメで撮影し確認します。

そんなことをしていると結構な時間がたつので、通りがかりの人やご近所の方と会話を交わすことがあります。そんな偶然のチャンスを生かさない手はありません。挨拶をして、差しつかえない範囲で、建物の水回りのトラブルのこと、不動産管理会社のこと、ご近所のゴミ出しのこと、泥棒などの治安のこと、お買い物やスーパーマーケット、子どもの通学時間、住民同士のトラブル、そして一番聞きたい住民の家賃支払い状況のうわさなどをヒアリングしていきます。みなさん意外とご近所のことを知っています。

最後に環境確認のため、最寄り駅まで歩いてみます。

風俗店やパチンコ店などの忌《き》避《ひ》施設はないか、泥棒を寄せ付けない雰囲気をもった街なのか、道路のごみ、タバコのポイ捨てはないか、地域住民の生活意識、防犯意識を確かめる必要があります。家賃をちゃんと毎月決まった日に払う真面目な人たちが多い環境なのか、空き巣が好みそうなだらしない環境なのか、妙な暗がりはないか、建物に放火されそうな雰囲気があるのかなどを感じようと努めます。

環境は大切です。不動産は文字どおり動かせないものなので、入手したら最後、そう簡単には手離せません。慎重に判断する必要があります。

カギを握るのは不動産管理会社

物件の回りをウロウロしているとき、落札後、重要なキーになる情報もあわせて収集しておきます。それは、不動産管理会社の情報です。たいていのアパートや駐車場には立て看板が立っています。

「管理は○○不動産へ、連絡先は○○○」

これら周辺の立て看板もデジカメで撮影しておきます。可能なかぎり、連絡して訪問します。突然の訪問でも、賃貸管理会社は気さくな人が多いせいか、物件情報を聞くとかなり詳しく教えてくれます。突っ込んで聞いてみると、実はその方も同じ物件に入札を予定していたりして、入札価格で盛り上がったりします。

いずれにせよ、落札後は管理がカギを握っています。ヒアリングをするとき、落札できた場合、管理を任せられるかどうかを考えながら、さりげない観察の視点も併せます。

そして、用がなくても必ずトイレをお借りします。トイレの清掃姿勢がその人の姿勢を象徴していると私は考えているので確認させていただいています。管理会社とは長いお付き合いになるので、それなりに慎重になります。

入札から落札までの実際

現地調査で得た情報をもとに、事前に計算していた入札予定金額を修正します。思っていた以上にリフォーム代がかさみそうだと入札金額を下げたり、もしくは入札自体を見送ります。そして、どこまでをリフォーム代や修繕費として見込むか、いつまでに投資資金を回収するかによって入札金額は変わっていきます。

・入札金額の決定

どの範囲までを、いくらくらいの費用とするか、判断が悩ましいところです。利回りの計算式に現地調査での補正を加えて、入札金額を決めていきます。

・入札金額を決める計算式

実質利回り＝（年間満室賃料×75％）÷（入札金額×１１０％※＋リフォーム代、税金など）

図表 4-4　競売物件の入札までの流れ

①入札する物件を探す

▼

②必要書類を裁判所から直接もしくは郵送で入手する

【入手するもの】

・入札書

・入札書を入れる所定の封筒

・入札保証金振込証明書＆振込依頼書

▼

③裁判所保管金を所管裁判所に振り込む

・売却基準価額の 20%の金額（買受申出の保証）を
裁判所の預金口座に振り込む

▼

④入札書を作成する

【必要なもの】

・入札書（必要事項を記入）

・入札保証金振込証明書
(金融機関で受け取った「保管金振り込みの控え」を添付)

・発行後 3 カ月以内の住民票
(マイナンバーが記載されていないもの)

▼

⑤入札書を提出する

・「入札書在中」と記載してある封筒に入札書のみを入れて封をし、
その封筒と提出書類を折らないで済む大きさの封筒に入れて
民事執行センター執行官室不動産部あてに送付

※10％増やす理由は自分の力量の不足分を補うためです。

想定リフォーム代や実質利回りを加減し、入札価格をいくらにするか検討します。とてもシンプルです。

・入札価格決定後の事務作業

「裁判所保管金」を入札期間内に裁判所の指定口座へ振り込みます。頭金のようなイメージでしょうか。振込金額は公表されている「売却基準価額の20％」です。３点セットの表紙に「買受申出保証額」という記載があります。裁判所の所定の振込用紙を使って、この金額を振り込みます。

振り込みの控えは落札できた場合に作成する「入札保証金振込証明書」への添付資料になるので大切に保管しましょう。

次の事務作業です。

①入札書（図表4−5）

②入札保証金振込依頼書＆振込証明書

図表 4-5　入札書

入　札　書　（　期　間　入　札　）

令和
~~平成~~　1年　9月　25日

東京地方裁判所執行官　殿

事件番号	平成 31 年（ヌ）第　16 号	物件番号	

入札価額	百億	十億	億	千万	百万	十万	万	千	百	十	一	
					2	6	2	4	0	0	0	円

入札人			
本人	住　所（法人の所在地）	〒 000 － 0000 ○○県○○市○○町 00-0
本人	（フリガナ） 氏　名（法人の名称等） ※法人の場合，代表者の資格及び氏名も記載すること。	ツ イ テル 津井　輝　　印 日中連絡先電話番号　（　　　）
代理人	住　所（法人の所在地）	〒　－
代理人	（フリガナ） 氏　名（法人の名称等） ※法人の場合，代表者の資格及び氏名も記載すること。	印 日中連絡先電話番号　（　　　）

注　　意

1　入札書は，一括売却される物件を除き，物件ごとに別の用紙を用いてください（鉛筆書き不可）。
2　事件番号及び物件番号欄には，公告に記載された番号をそれぞれ記載してください。事件番号及び物件番号の記載が不十分な場合，入札が無効となる場合があります。
3　入札価額は算用数字ではっきりと記載してください。入札価額を書き損じたときは，新たな用紙に書き直してください（やむを得ず訂正したときは，必ず訂正箇所に訂正印を押してください。訂正箇所を更に訂正した入札書は無効となります。）。
4　**（個人の場合）** 氏名及び住所は，住民票のとおり正確に記載してください。
（法人の場合） 名称，所在地，代表者の資格及び氏名は，資格証明書（代表者事項証明，全部事項証明等）のとおり正確に記載してください。
5　代理人によって入札するときは，本人の住所（所在地），氏名（名称等）のほか，代理人の住所（所在地），氏名（名称等）を記載し，代理人の印を押してください。
6　一度提出した入札書の変更又は取消しはできません。
7　封筒には，入札書のみを入れ，必ず糊付けして密封してください。
8　資格証明書，住民票（マイナンバーが記載されていないもの），委任状，振込証明書等は必ず入札書封筒とともに提出してください。
9　振込証明書によって保証を提供する場合の金融機関への振込依頼は，必ず，「電信扱い」としてください。翌日扱い等の事由により，入札期間後に入金された場合，入札が無効となります。

図表 4-6　裁判所保管金の振込依頼書

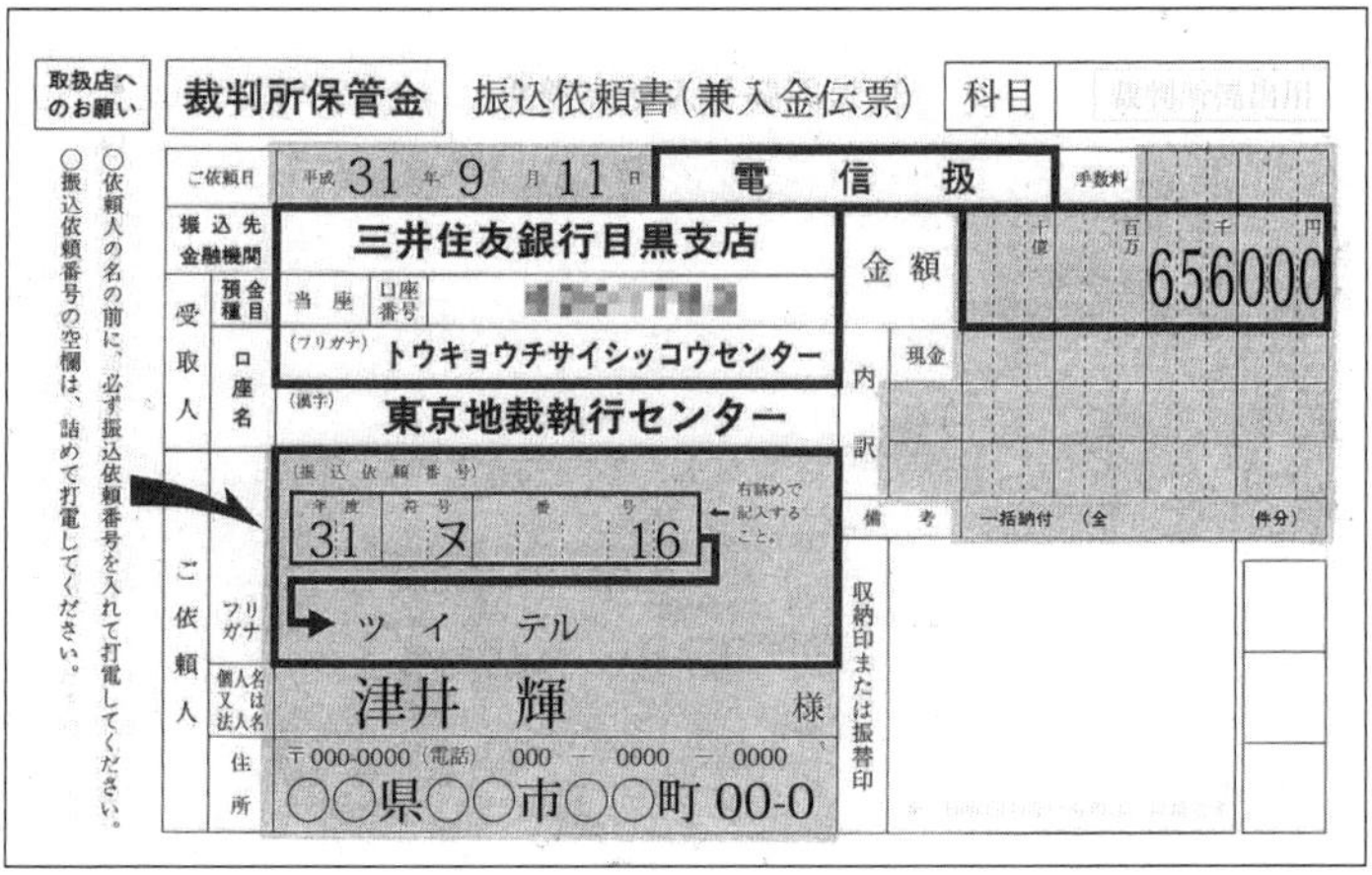

（図表４−６、図表４−７）

③入札書を入れる所定の内封筒

（図表４−８、図表４−９）

④住民票（３カ月以内のもの）

①～③は裁判所で事前に入手しておきます。

ただし、入札書を入れる内封筒が用意されている裁判所とそうでない裁判所があるほか、記入する項目も裁判所ごとに少しずつ異なるので管轄の裁判所で必要書類や手続きの方法について確認しましょう。

必要書類を入手したら、必要事項を記入して、何度も確認してから、書留で郵送します。

そして開札日にＢＩＴ（不動産競売物件情報サイト）システムのホームページをチェックし、落札できたかどうか確認します。

図表 4-7　入札書保証金振込証明書

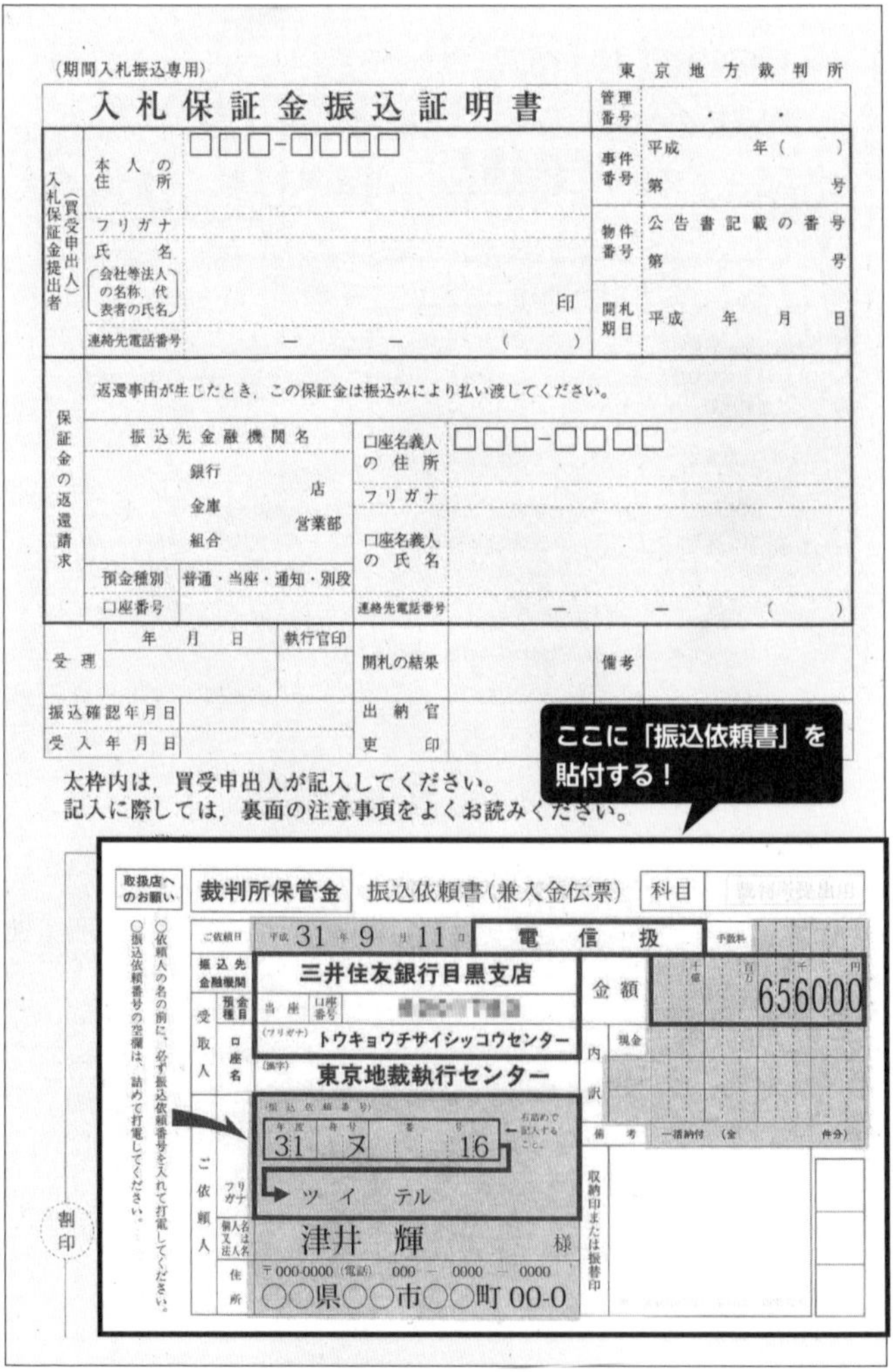
(期間入札振込専用)　東京地方裁判所

入札保証金振込証明書

管理番号	・　・		
入札保証金提出者（買受申出人） 本人の住所	□□□-□□□□	事件番号	平成　年（　）第　号
フリガナ		物件番号	公告書記載の番号 第　号
氏名（会社等法人の名称、代表者の氏名）	印	開札期日	平成　年　月　日
連絡先電話番号	ー　ー　（　）		

保証金の返還請求

返還事由が生じたとき，この保証金は振込みにより払い渡してください。

振込先金融機関名	銀行 金庫 組合　店 営業部	口座名義人の住所	□□□-□□□□
		フリガナ	
		口座名義人の氏名	
預金種別	普通・当座・通知・別段		
口座番号		連絡先電話番号	ー　ー　（　）

受理	年　月　日	執行官印	開札の結果	備考
振込確認年月日			出納官	
受入年月日			吏印	

太枠内は，買受申出人が記入してください。
記入に際しては，裏面の注意事項をよくお読みください。

ここに「振込依頼書」を貼付する！

取扱店へのお願い　裁判所保管金　振込依頼書(兼入金伝票)　科目　裁判所提出用

○依頼人の名の前に，必ず振込依頼番号を入れて打電してください。
○振込依頼番号の空欄は，詰めて打電してください。

ご依頼日　平成 31 年 9 月 11 日　電信扱　手数料

振込先金融機関　三井住友銀行目黒支店

受取人　預金種目　当座　口座番号

(フリガナ) トウキョウチサイシッコウセンター

口座名 (漢字) 東京地裁執行センター

金額　千億 百万 千 円　656000

内訳　現金

(振込依頼番号) 年度 31 符号 ヌ 番号 16 ← 右詰めで記入すること。

ご依頼人　フリガナ　ツイ テル

個人名又は法人名　津井 輝 様

住所　〒000-0000 (電話) 000 ― 0000 ― 0000
○○県○○市○○町 00-0

備考　一括納付（全　件分）

収納印または振替印

割印

図表 4-8　入札書を送付する①（千葉地方裁判所の場合）

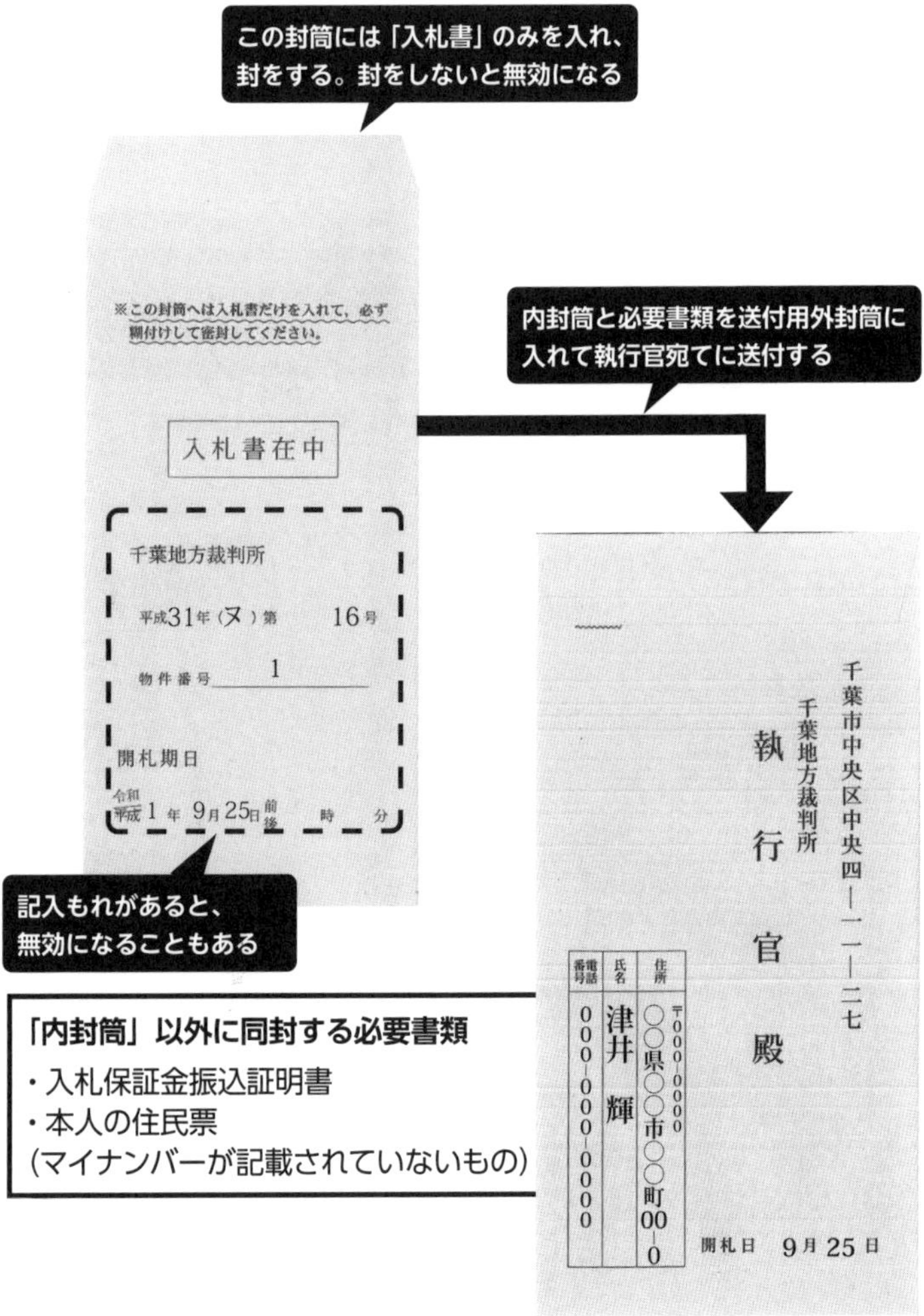

「内封筒」以外に同封する必要書類
・入札保証金振込証明書
・本人の住民票
（マイナンバーが記載されていないもの）

図表 4-9　入札書を送付する②（東京地方裁判所の場合）

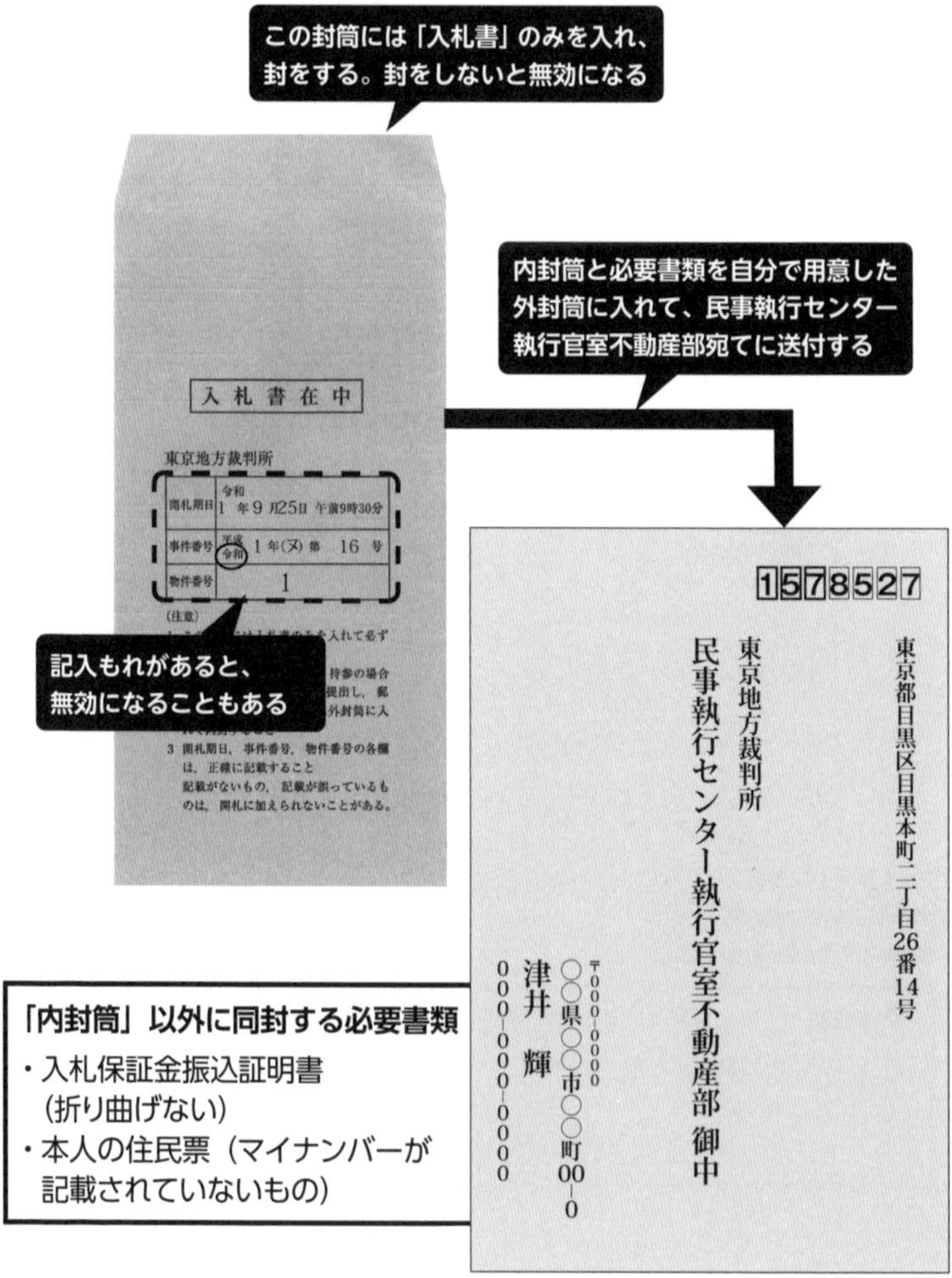

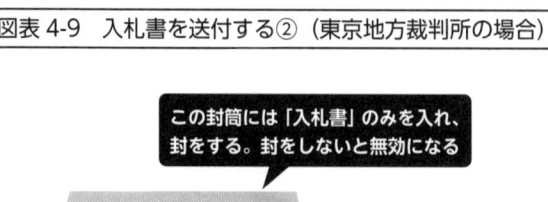

落札から賃料が入るまで

ＢＩＴ（不動産競売物件情報サイト）システムの「売却結果」から事件番号を入力し、売却価格、落札者資格を見て、自分の入札価格で落札できたか確認します。

落札できた場合、原則として開札期日の７日後に「売却許可決定」となります。売却許可決定から１週間以降に代金納付の書類が届きます。指定された期間（約１カ月）内に以下の必要書類を準備し、裁判所に持参して提出します。

・代金納付期限通知書（送られてきます）
・代金振込みの受領書
・登録免許税の領収証書
・固定資産税評価証明書（税務事務所へ取りに行きます）
・住民票
・登記簿謄本
・買受申出の時使用した印鑑

・登記手続に要する郵便切手

裁判所で書類が受理され、残代金納付をすると入居者様たちとの交渉が可能になります。手続きが終了したら、現地調査時点で目星をつけておいた不動産業者様へ管理をお願いしに訪問します。不動産管理会社の考え、私の考え、お互いの役割分担などの話し合いをし、合意にいたれば管理契約を結びます。そして、多くの時間をかけながら信頼関係を構築していきます。**不動産管理会社との信頼関係はとても重要です。ここがサラリーマン不動産投資家の肝となる部分です。**キーマンをしっかり押さえましょう。

残代金を納付した約2週間後には、裁判所経由で「登記識別情報通知書」が送られてきます。今後の売却時に必要になる重要な書類なので大切に保管しておいてください。登記が完了すると、登記簿謄本の収得が可能になるので書面で外部へ所有権の提示が可能になります。

誰も手を付けない物件に手を加えて価値を発生させる

不動産業界には多くの歪みがあります。ここでは、その歪みをうまく使った、競売物件以外の私が手掛けた築古の一戸建ての話を紹介します。

誰も手を付けない物件には、それなりの理由があります。

日当たりが良く、白壁がきれいで、かわいらしい一戸建て、値段も相場より驚くほど安いのに、ずっと売れずに不動産販売サイトに掲載され続けている物件がありました。安い理由は、建物が水平になっていない、２階の外側に飛び出ている部分が下に傾いているからでした。いわゆる欠陥住宅です。たしかにこれでは、だれも買わないでしょう。買う人がいないから、驚くほど安い値段になっています。しかし、これも歪みです。

２階部分が水平になれば問題ないですよね。腕のいいリフォーム屋さんに、構造的に問題ないか、いくらで水平にできるか見積もってもらいます。リフォーム代金、戸建ての値段、貸し出すときの家賃の何カ月分で回収できるかを計算します。

【コラム②】現地を見たときの〝直感〟には従ったほうがいい

ある一戸建ての築古の競売物件の現地調査でのことです。いつものように、まず外観調査から始めました。そのあと、いつものように基礎部分は大丈夫か、土台と柱はくっついているか、フラッシュをたきながらデジカメでバンバン写真を撮り、LEDライトを使い、目視で確認できない部分を確認していきました。

天井の雨漏りはしているかどうか気になるところです。

そして、糞便などを浄化して配水できるようにする、合併浄化槽がある場合、どうなっているか、必ず蓋を開けて確認します。もし、この合併浄化槽が使えない場合、掘り返して交換などをすると大きな出費の可能性が出てきます。

ウロウロ家の周りを回っていると、前の家の人が出てきました。

「中も見たい？」

なんて親切な方なのでしょう。素直に「はい」と返事をすると、家の鍵を渡してくれました。この家の管理を任されているとのことでした。来た人すべてに家の中をお見せしているとのことです。珍しいことですが、こんなことは初めてでした。家の中は家具類もなく、ガランとしていました。競売ではなく、少しでも高く、早く家を売りたいのだと思います。競売にかかっている最中でも売却することは可能です。築古で、キッチンや洗面所回りの床はブカブカして、相当傷んでいるようでした。壁には雨シミらしきものが多数残っており、防水機能はほぼ失っているようでした。これでは入札できないとの判断をしました。

同時に人がいない建物の鳴き声みたいな、主人を失ったペットのような侘しさをそのとき感じました。家は人が住んでいないと価値が失われていくのものだと改めて感じました。

また、こんな物件もありました。妖気漂う戸建てです。私は、いわゆる霊感はなく、変なものを見たことはありません。しかし、その物件を訪れたときだけは違いました。

「何かがいる」

明確に感じるものがありました。家を取り囲むように覆っている樹木が、訪れる者を威嚇する、槍のように感じ、敵意を感じました。

「敷地に踏み込んで見ろ、ただではおかないぞ」

そんなメッセージが明確に伝わってきました。私は恐ろしくなり、すぐにその場を去りました。こんな経験は後にも先にも1度きりでした。

裁判所が作成した3点セットには「事故物件」との記載はなく、空き家のはずですが、間違いなくなにかがありそうでした。それ以来です。現地調査には塩を持参するようになりました。現地調査後は、頭と首、肩、そして足首にはしっかり塩を振りかけてからその場をあとにするようになりました。何となく安心します。

妖気漂う戸建てを手に入れていれば、もしかしたら成功していたかもしれません。しかし、理屈では説明できないことですが、私はこうした直感を信じたほうがいい何かがあると思っています。

第5章

アパート経営はサラリーマンに向いている

アパートは投資効率がいいので投資向き

私は競売でアパートを積極的に狙っています。その理由は、一戸建ての賃貸住宅とアパート賃貸とを比較するとわかりやすいので、ここで比較をしてみましょう。

まず、家賃の平米単価が違います。一戸建ては住む人にとっては都合が良く、暮らしやすいと思います。ペットを飼っても、子どもが家の中を走り回っても、ご近所さんから苦情は出ません。収納スペースも余裕がある場合が多いでしょう。

しかし、オーナーとして見た場合、平米単価での家賃設定が意外と難しいのです。家賃にはその地域で戸建てならいくらくらい、アパートの2DKならいくらくらいと相場があります。でも、広い一戸建ての家は、平米数はいくら多くても、一戸建てはしょせん一戸建てです。平米数に見合った家賃設定ができないのです。結果として一戸建ては平米数の割には賃料を、それほど高く設定できないのです。

また、一戸建ては思いのほか利用している壁の面積が広いので、入居者様が退去した後のリフォーム代が高くつきます。壁紙の張り替え、畳の表替え、ペットがいた場合、柱や壁などの修繕費、匂い対策など、結果的に利回りは想定より下がってしまう場合が多いのです。

一方、アパートはどうでしょう。

無駄なスペースはほとんどなく、収益を上げやすく、効率的に建物がつくられています。壁紙も作業がしやすく、細かい切り貼り箇所も少なくて済みます。

改めてオーナーの視点でアパートを眺めてみると、本当に費用のことを考えてつくってあると感心してしまいます。**維持管理コスト、収益の上げやすさの視点からすると、集合住宅のアパート経営は費用対効果がとてもよい**と思っています。

アパート掃除を家族でやる深いワケ

アパート経営で大切なことはなんでしょうか。

家賃の回収、入居者様の苦情対応、資金管理、修繕計画、建物のメンテナンス、草むしり、入居者様に快適に住んでいただくことなど多岐にわたります。サラリーマンオーナーは自身で全部やるのは不可能です。信頼がおける管理会社へお任せするしかありません。

では、オーナーは何をするのか。

アパートを取得したあと、落ち着いてしまった時期に入ると特にすることはないのですから、大家さんというと、お年寄りのおじいちゃん、おばあちゃんのイメージになってしまいます。

このイメージはなかなか的を射ていると思います。私は第6章で説明する確定申告資料の作成とアパート掃除こそ、平時におけるサラリーマンオーナーの仕事だと思っています。

特にアパートの掃除は大切にしています。アパートを掃除すると、入居者様やご近所の方々とお会いでき、コミュニケーションがとれるので、思わぬトラブルの回避やトラブル発生時に協力してくれることがあります。外壁のフェンスが壊れたり、泥棒にシャッターを壊されたりしたときに、ご近所の方々に防犯カメラの中身を見せていただいたり、不審者への無言の圧力掛けをしていただいたりしています。

そして、清潔にしておくことで泥棒が近寄り難くなる環境をつくることができます。生えっぱなしの雑草や、自転車のカゴの中に捨てられるペットボトルの山など見過ごしてはいけません。ゴミはゴミを呼び、そして泥棒まで呼び込んでしまいます。清潔に保ち、アパートに平和を、そして安全な環境をもたらすのはオーナーの仕事だと思っています。清潔にしていれば、泥棒もあまり近寄ってきません。泥棒は侵入しやすい、だらしない管理のところを狙ってきます。

そして、このような重要なことは私一人でやってはいけないことなのです。

私は子どもたちにできるだけお金や土地を残してあげたいと思っていますが、〝**生きていく**

ための知恵〟を引き継ぐことのほうが、お金や土地などの財産を引き継ぐことよりもよほど価値があると思っています。だからこそ、家族でアパートの掃除をすることなどを通して、可能なかぎり〝生きていくための知恵〟を子どもたちに相続したいのです。

たとえば、家族でアパートを掃除したあと、フランス料理を食べに行くとか、そんな楽しみを付け加えれば、子どもたちも親の言っていることに付き合ってくれるかもしれません。こうした親の想いはすぐに伝わらないかもしれません。それでも時間をかけて〝知恵〟の相続に備えていき、将来、子どもたちがその気持ちに気づいてくれればいいと思っています。

もちろん、お掃除業者様へアウトソーシングして時間を節約する方法もあります。遠くの離れた物件の場合、そもそも物件に行くことが難しい場合もあります。高齢者が活躍されているお掃除会社の協力を得たり、打つ手はいろいろありますが、私はそうではないだけです。手間はかかりますが、家族に、不動産投資の本質を行動で教えたい、背中で伝えたいと考えています。言葉だけでは伝えられないことがあると感じているのです。

第7章で詳しく説明しますが、相続を意識しています。現在、この掃除のお仕事は妻が担ってくれています。いずれ子どもたちが、自主的に担ってくれたら、ありがたいことだと思っています。

管理会社様との関係がカギ

当然のことながら、サラリーマンには「昼間のお仕事」という本業があります。本業に支障をきたしては本末転倒で、何のために不動産投資をしているのか、わからなくなってしまいます。スキマ時間を積み上げて、楽しみながら富を拡大していくのがサラリーマン投資家の醍醐味です。

しかしながら、自分一人だけの力では限界があることも事実です。「餅は餅屋」、そんな判断も必要だと思います。

不動産賃貸業における餅屋は何でしょう。毎月の家賃の回収、クレーム窓口、クレーム処理、入退時の立会、鍵の引渡し、リフォーム手配など何でもやってくれるところです。

そうです、不動産管理会社様です。

家賃の3〜5%程度が管理料の相場です。家賃の3〜5%程度でこれだけのことをやってもらえれば御の字です。競売物件の管理は、私には絶対にできないと思っていたので、外部委託を前提に物件の取得を考えていました。

ただ委託先はどこでもいいわけではありません。全国でチェーン展開している会社をはじめ、多くの会社を訪ねました。残念ながら、大手の業者は私には合わない感じがしました。相手も私と同じサラリーマンです。うっすらと見えてしまう部分があります。いざというとき、しかも競売物件ということを考えると、どうにも違う感じがしていました。

長いお付き合いになることを意識していましたので、地元の小さい不動産屋を当たりました。なかでも年齢が私と同じくらいの方と波長が合いました。こうした直感は素直に従ったほうがいいかもしれません。事前の現地調査のとき、対象リストに入れておいた不動産管理会社でした。ご主人と奥様のお二人でお店を切り盛りされています。ご主人が売買業務、奥様が賃貸管理業務です。のちほど、奥様の底力を思い知らされることになるとは、このとき、知る由もありませんでした。

マニュアル本と現実の狭間で

世の中には、不動産投資の本が溢れています。玉石混交です。不動産投資初心者だった私は、その中でも「いいな、面白いな」と思った本で集中的に学んでいました。

その本に書いてあることは正しいと思い込み、すべて真似したことがありました。

・空室対策は不動産業者まかせではダメで、自分で賃貸業者様を訪問し、客付け（お客様の入居を決める）を依頼するように

・自分の物件のパンフレットや地図をつくり、アピールしましょう

・アパートに花を植えて明るい雰囲気をつくりましょう

・空室の内覧見学に来たお客様のためにキャンディーを置いたり、アピールポイントをパウチして、お部屋に飾っておきましょう

これらは、この本の著者にとってのしっくりくるオリジナルの勝ちパターンでした。この当たり前なことに気が付いていませんでした。

不動産専業オーナーなら毎日でもアパートに行って、植栽に水をまくことはできますし、馴染みの不動産仲介業者とも頻繁に情報交換できます。

何も知らない私は、真似すれば、すぐ空室はなくなり、すぐ満室になるんだと鵜呑みにしていました。マニュアル本の内容をそっくり真似し、お金と時間をかけて、自分のアパートのパ

ンフレットと周辺地図をつくりました。それを持って不動産仲介業者様を手当りしだいに訪問し、客付けをしていただけるよう依頼しました。

不動産仲介業者の皆さんは愛想はいいのですが、反響はほとんどありませんでした。なかには、「こんなパンフレットつくるお金があるなら家賃を下げなさい」と怒り出す正直な人もいらっしゃいました。

私は、入居者が、どういう気持ちで家賃を工面しているのか、現実を知らなかったのです。賃料が意味していること、そして家賃設定の背景さえ理解していませんでした。

しかも、賃貸管理会社は、仲介手数料だけでなく管理手数料も手にできる自社管理物件を優先して客付けするという、業界の常識も知らずに、懸命に多数の賃貸管理業者様を無駄に訪問し続ける姿は滑稽そのものでした。

自分のアパートへの訪問頻度は月１回行けるかどうかだったので、せっかく植えた花は枯れてしまい、ゴミの山と化していました。空室対策で見学に来たお客様のために置いていたプレゼント用キャンディーは、時間の経過とともに、溶けてベタベタになっていました。見た目をよくするどころか、頑張って汚くしていたのでした。

マニュアル本はいろいろなことを教えてくれますが、そのことが自分にとって適切かどうか

はまた別の話です。その著者にとって最適な勝ちパターンの紹介で、私にとっての最適な情報ではなかったのです。その人ごと、アパートごとに抱えている課題、バックグラウンド、有利な点、不利な点など、すべて違います。マニュアル本はあくまでも他人の成功事例です。そこから自分なりに工夫し、オリジナルの手法をつくり上げることが重要という真実を学びました。

そして、ふと気が付いたこともあります。

「建物管理委託契約」を交わした私の不動産管理会社様です。

よくぞ、私の僭越《せんえつ》なふるまいを許しておいてくれたものだと思います。アパートオーナー一年生のドタバタ劇を優しく見守ってくれたことに、今となっては感謝しています。あの無謀な活動があったからこそ、今では冷静に物事を理解できるようになったと考えています。

マニュアル本を参考に自分の頭で考えるようにしました（当たり前のことですが）。まずは、私のアパートの強みと弱みを把握することから始めました。

強み：日当たりが良い、近くにスーパーマーケット、マクドナルドがあり便利
**　管理会社が地場に根差した会社で地域の人脈が豊富**

弱み：築25年以上で設備が古い、駅から遠く郊外の立地、駐車場が部屋数の3分の2しかない

冷静に考え、私が客付けの営業をするのではなく、管理会社にすべておまかせしました。すでに私のアパートは管理契約を結び、自社管理物件になっていましたが、客付け手数料を相場の２倍にし、管理会社の中での客付けの優先順位を上げていただきました。

修繕対処額が３万円以内に収まりそうな事柄、チョットした交換作業や水回りの修繕事項などは、管理会社の裁量で対処していただき、毎月送られてくる、「賃料明細書」の中に領収書をいれていただくだけにしました。特に報告も不要に手間を省きました。

そして対処額が３万円超になりそうな場合だけ連絡をしてもらうように変更し、上がってくるクレームを管理会社と一緒になって解決に取り組むようにしました。

管理のプロフェッショナル、管理会社の奥様の報告は素晴らしいものでした。相談というかたちではありますが、報告と解決策がセットになって相談されます。奥様から「どうしますか」と問われても私の返事は「はい、それでお願いします」とか「奥様はどう思いますか」ぐらいしか言うことがありません。

そんな中でも答えがなかなか出てこない問いもありました。床板をはがして、地面を掘り返

す工事が入るような、やっかいな修繕工事に関することだったり、のちほどお伝えする、困った入居者様をどうやって退居していただくかなど、お金だけでは解決できない問題です。なかなか答えを出しづらいことに一緒になって取り組んでいきます。お互いに知恵を出し合うなかで徐々に互いの良い点が見えてきて、信用が生まれ、強い信頼関係ができ上がっていきます。

バラエティー豊かな入居者様たちの物語

アパート経営を始めるまで、勤務している会社の人以外の社会人と接する機会は実はあまりありませんでした。もちろん、社外の方々と仕事でご一緒することはあります。皆さんと接するなかで、あまり違和感を覚えることはありませんでした。価値感や生活レベルがほぼ同じ幅の中のためだと思われます。自分が常識だと思っていることが、常識として通じる世界で生きていたのです。

ではこれから少し、入居者様や業者様たちと繰り広げた私の実体験をご紹介します。

①クレーム対応の抜本的対策とは

排水配管に何かが詰まってしまったのでしょう、排水が逆流してきたとのことでした。写真で確認すると、洗剤の塊、油の塊のような白い塊がこびりついているのが見えました。

このお部屋だけが同じトラブルを繰り返します。私には理由がわからなかったのですが、修繕業者様は理由を知っているようでした。逆流の理由は配管の傾斜角度でした。これを直さなければなりません。通路を掘り返して角度を付け直したいのですが、不思議と話が進みません。管理会社の奥様曰く、業者様が嫌がるのだそうです。

私は、お金は出すと言っているのですが、なぜか話が進みません。業者様を変えればよいのですが、そこまで踏み込まなくても、いつの間にか小手先の修繕で改善してしまいます。なんとかなってしまい、抜本的な手を打てずじまいで業者様になんだか丸め込まれてしまいます。つかめそうでつかめない、もどかしさを感じることがあったりします。

②昼と夜の生活が逆転して、夜中なのにうるさい入居者

いつの間にやら、あるお部屋の入居者様が認知症を患われたとのことです。昼と夜が逆転してしまい、深夜に一日の始まりの朝ごはんを食べ、深夜に掃除機でお部屋を清掃されるとのこと。困ってしまいますが、下の階の入居者様からは「まあ、しょうがないですね」と温かいお

言葉をいただいています。ありがたいことです。

③深夜に焼肉を食べている入居者に対する苦情

深夜に焼肉です。若いご夫婦が仲良く暮らしていらっしゃいます。若いので夜更かしをされるようです。長時間起きているとお腹すきますよね。そこで深夜に大好きな焼肉ジュージューです。煙がこもるので窓を開けます。

向かいのアパートには、身重の若奥様と優しい旦那様が住んでいらっしゃいます。身重の若奥様は「つわり」がひどくて、食事がとれないとのことです。深夜の焼肉のいい香りが、身重の若奥様には耐えられないので、深夜の焼肉をやめさせてほしいと、優しい旦那さんから管理会社へ連絡が入りました。

気持ちはわからないではないけれど、この苦情は申し訳ないけれどお受けできないと、お断わりさせていただきました。少し常識は外れているかもしれませんが、それほどひどいことではないと思います。身重の若奥様と優しい旦那さんのお気持ちはおくみいたしますが、自分のアパートの住人の肩を持ってしまいます。

④退去時、大型家具を通路に大量に捨てていった入居者様

退居のとき、ゴミをどう出すか、何をどこへ、どのタイミングで捨てるか、悩ましい問題です。退居は1カ月前に通知をするので、1カ月前には大量のゴミ類が出るのはわかっているはずです。通常は少しずつでも処理をしていくのが常識だと思っていました。

ところが、ある入居者様は、引越し当日、アパート前の通路に大型家具をいっぱいに並べて退去してしまいました。報告写真をみると、露天に出店しているお店のように、新品同様の綺麗な家具が大量に並べられています。呆れるというより、かっこいいソファー、カーペットに見とれてしまいました。

しかし、アパートに住む他の入居者様もこの光景を見ています。退居するとき、大型ごみを捨てていいアパートだと思われては困ります。悪しき前例にしてはいけません。すぐに、ゴミ回収業者様を手配してもらい、費用を全額退居した方へ請求させていただき、事なきをえました。このように、自分の常識外のことが起こります。

⑤入居者が刑務所に入ったので退去した話

毎月きちんとお家賃を管理会社に持参してくれる入居者様の入金が止まりました。不審に

思った管理会社の奥様が本人に電話をしても、連絡が取れません。保証人の会社社長に連絡しました。壁の向こう側に行ったとのことでした。

数日後、兄貴分という人がきて、荷物を綺麗に運び出してくれて、すっきりとした空室ができ上がりました。しばらくシャバには出てこれないとのことです。未納のお家賃は保証人の社長にお支払いいただきました。なんだかシステマティックにスムーズに事が流れていきました。

世の中には、いろいろな常識があるものです。

⑥これまでに最も手ごわかった入居者様の話

私はこの入居者様を忘れることはできません。不動産管理会社の奥様曰く、過去最強の人だとのことでした。K様とは初めから小さな違和感はありました。

不動産管理会社の奥様から電話連絡があり、「生活保護を受けていらっしゃる方からの入居希望です」とのことでした。「生活保護受給者」を嫌がる一部のオーナーも存在します。でも私は経験不足もあり、よくわかっていないこともあったのと、国が家賃を支払ってくれるので、家賃未納リスクは回避できると安易に考えていました。

そこでいつものように管理会社奥様のK様への見立てを聞きました。特に問題なさそうとのことでしたので、ＯＫを出しました。Ｋ様は入居を急いでいたらしく、無事入居できて涙を流して喜んでいたという報告がありました。困っている人のお役に立てて嬉しかったのと、アパートの入居ごときで涙を流すほどうれしいのはどういうことだろうという違和感も覚えました。

半年後にその違和感の原因が明らかになったのです。

それはＫ様の両隣の部屋からの苦情でした。両隣のお部屋の方々が口を揃えて言うのは、時間帯を問わず尋常でない音が聞こえるとのことでした。壁や床を強く叩く、蹴るような騒音、引き戸を強く引くときに発生する騒音のようだとのことでした。

不動産管理の奥様はＫ様に騒音行為を止めるように再三再四お願いしましたが、Ｋ様は騒音発生行為自体を認めず、騒音行為は以降も続きました。そして、ついに深夜に警察を呼ぶ騒ぎにまで発展してしまいました。

ご理解いただけないＫ様へは退去のお願いを再三行いましたが出て行ってくれません。賃借契約の解約を求め内容証明を送ったり、市の生活援助課に相談したり、事件に発展しないように警察との連携も始めましたが、警察は民事には介入してくれません。

管理会社の御主人、奥様と連携し、あらゆる手を打ちました。当然、何度も本人に話をしたり、Ｋ様の親戚筋ルートから行為をやめさせようと依頼をしたりもしました。管理会社の奥様には、連絡がつかない保証人に夜討ち朝駆け、夜の張り込みまでしてもらいました。

そんな中での、K様の独白です。

「私の悪口を言う声が聞こえる、何とか止めてほしい」

ホラー映画の話ではありません。本当に自分の悪口を言っている声が聞こえるそうです。その声を止めさせようと壁を叩いているようでした。精神的に病んでいらっしゃいました。私はぞっとしました。

ようやく、K様が私のアパートに無事入居できて涙を流して喜んでいた理由がわかりました。前に住んでいたところでも、同じような問題を起こし、追い出されたのでしょう。

このままでは、本当に事件が起きてしまうと思い、早急に追い出せるよう「明渡請求訴訟」を起こす準備に入りました。最終調整のため、管理会社奥様へ連絡すると、御主人様から考え直してほしいとのお願いがありました。

この管理会社は今まで、開業以来、裁判沙汰にしたことがないのが誇りでした。「田舎なので、裁判沙汰は勘弁してほしい」と懇願されてしまいました。これまでのK様対応でともに苦労してきた戦友からのお願いです。信頼関係はとても強くなっています。訴訟はしないことにしました。

日本の法律では、「借主」（入居者様）は法律でとても強く守られています。「貸主」からは必ずしも一方的に入居の賃貸契約を終了できないのです。作戦を変更して「契約更新拒絶通知書」を送ることにしました。その後、不思議と騒音はなくなり、更新はせず、出て行ってくれることになりました。しかし、ほっとしたのも束の間、今度は退居予定日前に勝手に引越しして出て行ってしまったのです。

心待ちにしていたことが、知らない間に実行されてしまいました。しかも鍵を返却せずに逃げていってしまったのです。退居の立ち会いができませんでした。鍵がないので中に入れません。こんなことは初めてでした。鍵屋さんを呼び、部屋のなかを開けてびっくりです。壁中が穴だらけでした。大きな音が出るはずです。この部屋の次の入居者は決まっていたので、リフォーム業者様にお願いして、徹夜でリフォーム作業をしていただきました。おかげさまで、次の入居者様は無事入居できました。

このような方々に揉まれて、私も少しずつオーナーらしくなっていったのだと思います。今となっては管理会社様と団結できたので大変感謝しています。

アパート経営は人間力訓練業

成長したと実感できるのはどんなときでしょうか。

壁に行く手を阻まれたり、トラブルに巻き込まれたり、苦しんだりしたところから脱出できたときではないでしょうか。振り返ってみると、そんなことが多いように思います。

「苦労は買ってでもしろ」とはよく言ったもので、若くなくても、歳をとってでも苦労は人を成長させてくれるようです。

アパート経営とサラリーマンとしての会社の仕事は、決定的に何かが違うと思います。

それは〝決断〟だと思います。最も大事なところは誰にも相談できません。自分だけで考え抜き、すべて自分の責任において決断します。決断にいたる過程において、胃が痛くなったり、夜眠れずうなされたりすることもありますが、一度乗り越えると別の景色が広がります。サラリーマンだけやっていると、なかなかできない訓練です。

深く考えること、先にリスクをとること、決断すること――これは経営者の仕事と同じなのだと思います。アパート経営は人間力訓練業といってもいいかもしれませんね。

第6章

満室経営と税金対策

手間いらずのアパート管理にする方法

不動産賃貸産業はクレーム産業とも言われています。第5章でお伝えしたように、生活に密着した諸々の問題と背中合わせです。自分だけで対応しようとしてはいけません。サラリーマンの仕事をしながらでは、対処することは不可能だからです。管理会社様に矢面に立っていただき、対応していただくのが賢明です。

ただし、起こったことに対して、気持ちのうえでは管理会社様と二人三脚で取り組みます。実務では、場所が離れているという物理的、そして対応スピードという時間的な理由で、管理会社様に対応を全面的にお願いします。

現時点では、すでに管理会社様とは信頼関係ができているので、電話でのやりとりさえもありません。スマホのショートメッセージでのやりとりだけで完結することがほとんどです。驚くべき進化です。これなら、サラリーマンをやりながら、オーナー業も続けていけます。

では、どうやったらそんなに強い信頼関係ができるのか。

時間をかけて少しずつ、誠実にお互いが向き合った結果だと思います。種銭を貯めるのと同じで、信用はすぐにでき上がるものではありません。信頼関係は地道にコツコツ積み上げてつくっていくものです。お互いに良いところに気を配り、尊敬し合っています。

家賃収入の本当の意味

不動産賃貸の収益はどこから出ているとお思いですか？

建物でしょうか？　土地の価値からでしょうか？

いいえ、そうではありません。アパートオーナーの収入は不動産が生み出しているのではありません。入居者様の財布から出ているのです。

入居者様に毎月きちんと入金していただけることに感謝します。入居者様は毎月さまざまな誘惑に会っています。可愛い洋服を衝動買いしてしまった、予定外の旅行に行ってしまった、誘われるままに飲みに行って思わぬ出費など。けれど、さまざまなやりくりをして家賃を払ってくださっています。月給の４分の１以上にもなる大きな額です。家賃を払っていただくのは当たり前のことですが、決められた期間までに、毎月実行していただくのは、本当に感謝なことだと思います。

家賃は入ってくるものではなくて、払っていただいているもの――このことをわかっていな

いと間違いを起こします。入居者様あっての家賃収入、不動産投資のリターンです。

配管が詰まって水が流れない、インターネットが繋がらないなど、いろいろな苦情が上がってきたら、すぐに対応できる体制をつくっておく必要があります。対応できなければ、いつの間にか他のアパートへ移転されてしまいます。この感覚はサラリーマンであれば肌感覚で身に付けている部分でしょう。日々の仕事が役立つ部分です。ピンチはチャンスです。

入居者様のお困りごとを可能なかぎり早く解決して、入居満足度を上げたいものです。毎月決まった日に、決まった額をお支払いいただける、優良な入居者様には、可能なかぎり長く住み続けていただきたいと願っています。

リスクあれこれ

経営にはリスクはつきものです。利益にはリスクがつきものです。

リスクの本当の意味を理解し、適切な損失回避（ヘッジ）を打ててあれば、リスクを先に取っても恐ろしくはなく、その結果として利益を残せます。この順番を理解することは重要です。

そもそも「リスク」とはどんな意味なのでしょうか、語源を探ってみます。

中世ベネチアの勇敢な船乗りリズカーレ（risicare）がやがて、「勇気ある者」の意味で用いられ、さらに転じて「リスク」となったようです。東方貿易で一攫千金を狙う憧れの的です。まず先に、危険を冒し、その後、大きな利益を手にするということです。リズカーレをはじめ、当時の商人たちにとって、リスクは「避けるもの」ではなく、「挑むもの」だったようです。

さて不動産投資にはどんなリスク、そしてリスクヘッジがあるのでしょうか。不動産投資「リスク」の本質を探っていきましょう。

リスクは避けるものでしょうか。「損失」「危険」のイメージが濃厚です。

しかし、「リスク」の語源にもあるようにマイナスのことだけを意識するのではなく、挑んだ結果、得ることができる「幸運」もリスクと考えたほうが賢明のようです。つまり「将来どっちに転ぶのか、わからない不安定な状態」がリスクの本質だと考えています。大きく儲ける、大きく損をする、その不安定な状態の幅が大きいほどリスクが大きいと考えます。確実ではないこと、「不確実性」がリスクの本質のようです。

・空室リスク

不動産投資でリスクだと世間で考えられているものを列挙します。

・賃料滞納リスク
・賃料下落リスク
・物件価格の値下がりリスク
・入居者様クレーム対応リスク
・金利上昇リスク
・天災リスク
・税務リスク

なんだかリスクだらけですね。でもこれらのリスクの本質は同じです。空室、家賃滞納、賃料下落など、それら自体は実はリスクでも何でもありません。現象です。空室、家賃滞納、賃料下落などが原因となり、家賃収入がローン返済金額を下回り、ローンを返済できなくなることによって、所有している不動産を手放さなければならなくなったり、借金をかかえ、家族不和を引き起こして、不幸になってしまうことが、リスクの本質だと考えています。

このリスクをなくそう、ヘッジ（回避）しようとするなら、ローンを活用して不動産投資をするのではなく、種銭をしっかり貯めたあと、現金のみで投資する、保険をかける、投資自体を見送るのはとても良いリスクヘッジだと思います。

次に、そのリスクの大きさや影響範囲を数値で事前に把握、見えるようにしておくことは必須事項です。数値で見えるようにしておけば、冷静な判断ができます。

では、具体的にどうするのか。

収益シミュレーションを繰り返し行います。

最悪の場合を想定した数値で計算し、自分が耐えられる借入許容金額、ローン金額を算出しておきます。考え方は、我々サラリーマンが普段仕事で行っている、企画立案の採算や、目標達成の進捗管理と同じですので、そんなに難しく考える必要はありません。ここでも日頃の仕事のスキルが生かされます。不動産投資でローンを組んで物件を購入してしまうと、後戻りはできません。あらゆる切り口から慎重にシミュレーションを繰り返します。

次ページのシミュレーション表「損失にならないための限界空室率が一目でわかるシミュレーションシート」は、銀行ローンを組むときに頭金が1割の場合と2割の場合、空室率が何パーセントまで耐えられるかをチェックする表です。私の公式ＬＩＮＥ@に登録していただいた方に特典として、この表（エクセル形式）をダウンロードできるようにしています。そのエクセル表の「土地価格」「建物」「想定家賃」「自己資金：ローン頭金」「毎月ローン返済額」の

特典エクセルシート（ダウンロードは207ページから）

（単位：万円）

	ローン頭金1割						ローン頭金2割					
	50%	**40%**	**30%**	**20%**	**10%**	**0%**	**50%**	**40%**	**30%**	**20%**	**10%**	**0%**
	800	800	800	800	800	800	800	800	800	800	800	800
	800	800	800	800	800	800	800	800	800	800	800	800
	1,600	1,600	1,600	1,600	1,600	1,600	1,600	1,600	1,600	1,600	1,600	1,600
	5.8	5.8	5.8	5.8	5.8	5.8	5.8	5.8	5.8	5.8	5.8	5.8
	17	**21**	**24**	**28**	**31**	**35**	**17**	**21**	**24**	**28**	**31**	**35**
	209	251	292	334	376	418	209	251	292	334	376	418
	13.05%	15.66%	18.27%	20.88%	23.49%	26.10%	13.05%	15.66%	18.27%	20.88%	23.49%	26.10%
	160	160	160	160	160	160	320	320	320	320	320	320
	1,440	1,440	1,440	1,440	1,440	1,440	1,280	1,280	1,280	1,280	1,280	1,280
	13.2	13.2	13.2	13.2	13.2	13.2	11.7	11.7	11.7	11.7	11.7	11.7
	4.2	**7.7**	**11.2**	**14.6**	**18.1**	**21.6**	**5.7**	**9.2**	**12.7**	**16.1**	**19.6**	**23.1**
	▲1.0	1.4	3.9	6.3	8.7	11.2	0.5	2.9	5.4	7.8	10.2	12.7
	15.9	15.9	15.9	15.9	15.9	15.9	14.2	14.2	14.2	14.2	14.2	14.2
	1.5	5.0	8.5	11.9	15.4	18.9	3.2	6.68	10.16	13.64	17.12	20.6
	▲3.7	▲1.3	1.2	3.6	6.0	8.5	▲2.0	0.4	2.9	5.3	7.7	10.2

図表 6-1　損失にならないための限界空室率が一目でわかるシミュレーションシート

<条件>　価格：土地（255㎡）＋建物（６部屋）　初期投資合計 1,600 万円と設定

空室率
土地価格（万円）
建物（万円）
総費用（万円）
想定家賃（万円）１部屋平均
月家賃（万円）６部屋　※１
年家賃（万円）
表面利回り
自己資金：ローン頭金（万円）
ローン返済元金総額（万円）金利 2.00%
毎月のローン返済額（万円）※２
毎月の手取（万円）
経費 30%差し引き後、手残り月額家賃収入（※３）
毎月ローン返済額（万円）リスク金利４%上乗せ（６%時）※２
リスク金利４%乗せたローン返済後の家賃収入
経費 30%差し引き後、手残り月額家賃収入（※３）

※１　部屋数を変える場合は、エクセルシートの各列 10 行の変数を変えてください。
※２　お好みのローンシミュレーションサイトで計算してください。
※３　経費は高めに 30%に設定してあります。ご自身で設定を変えてください。

数字をカスタマイズすれば、空室率が何％になると損失になるかが一目でわかるようになっています。１５４ページの表では、ローン頭金が1割の場合だと、空室率50％になると損失に転じ、リスクを多めに見積もって４％の金利を上乗せした場合だと、空室率が40％になるとマイナスに転じることがわかります。

リスク金利は、不測の事態が起こった場合のバッファなので、必ずしも６％である必要はありませんが、私はローン金利に「４％」を足して考えています。こうしておけば、金利が上昇したときにもバッファがあるので慌てることがなくなり、支払利息の増加にも耐えることができます。

このようにいろいろな切り口で調べたいものをシミュレーションしてみると不確実性が少なくなっていくと考えています。

でも、**あまり気が付かない大きなリスクが2つ存在しています。そのひとつは「自分自身」です。**自分の中に渦巻く、無理してでも儲けたいという、〝渇望〟が芽生えたら、いったん冷静になる必要があります。そのときどきに合った、「身の丈投資」が自分の身を救います。自分の立ち位置は必ず安全圏にいることが重要です。〝渇望〟は破滅へと導こうとする、悪魔の囁きです。悪魔は目に見えないだけで、本当に身近に存在しています。

採算に無理がありそうだなと思ったら、その物件には手を出さないことが肝要です。**物件はいくらでもあります。ひとつの物件にこだわる必要はありません。投資を見送るという選択もあります。**

不動産投資は長丁場の投資です。何事も起こりえる、不確実性が高い投資です。いつ、自分が働けなくなり、ローン返済が滞るかもしれません。明日、交通事故に遭うかもわかりません。脳梗塞で倒れてしまう可能性もあります。あらゆるシミュレーションが必要です。

たとえば、パソコンや各種のアプリケーションソフトへのパスワードの管理は大丈夫でしょうか。どこに、どのように、大切な情報を保管してありますか。

仮に莫大な資産を構築できたとしても、そこへのアクセス権限がないと、まさに絵に描いた餅です。パスワード情報などの重要事項は大切な人と必ず共有しましょう。何のために資産を増やしているのかわからなくなってしまいます。自分だけで不動産投資をするのではなく、大切なパートナーと情報を共有し、あるタイミングから引き継ぎを始めましょう。

子どもたちへの引き継ぎも考慮します。家族だけではなく、信頼できる仲間を含めた「普遍資産」が重要な意味をもってきます。信頼できる仲間は家族同等です。

そして**2つめのリスクは「生活習慣」です。これが実は最大のリスクです。**良い生活習慣を身に付けていると正のスパイラルが働き、何をやってもうまく回っていきます。早起きの習慣、体に良い食べ物を食べる習慣（質のよい油など）、TVを見ない（不要な情報を得ない、時間を奪われない）習慣、時間を有効に使う習慣、整理整頓の習慣など、本当に人生が変わっていきます。しかし、逆に悪い生活習慣を身に付けていると、昼まで寝ている、ポテトチップスが晩御飯、お昼は毎日インスタントラーメン、テレビばかり見ているなど、だらだらと時間を無駄に使ってしまいます。

これは何を隠そう若い頃の私自身にほかなりません。恥ずかしいですが本当です。**今がだめでも大丈夫です。考え方を変えれば、行動が変わります。**何度つまずいても、そこからまた、スタートすればいいのです。

人生は期間限定の「生き方を試されている」イベントです。いろいろな経験を積むために我々は生まれてきています。明るく、楽しい未来をつくっていきましょう。

最強の空室対策

満室キープ――金科玉条のありがたい言葉です。これさえあれば、なにもいらないと思ってしまいます。

私も不動産オーナー初心者の頃は空室対策に苦しみました。不動産オーナーなら誰でも通る道です。不動産投資本には必ず空室対策が載っています。ネットを調べてもたくさん空室対策が載っています。どれもこれもよさそうに見えます。私もいろいろ試してみましたが、最初の頃はまったくうまくいきませんでした。

「なぜ、私のアパートは空室が埋まらないんだろう」

６室中２部屋がずっと空きっぱなしです。どう考えても、どう対策を講じてもだめです。猛烈に焦ります。すぐ結果を出したいと願います。出口の見つからない空室対策ループに入っていました。

需要と供給、そしてタイミングが関係しています。恋愛と同じで、片思いでは実を結びません。よい仲人さんというか、間を取り持つ仲介業者さんが必要です。

私はさまざまな空室対策を試した結果、行き着いたのは「管理会社様との信頼関係を構築すること」でした。私がお願いしている管理会社様は現在、ご家族３名で不動産管理会社を営まれています。

社長はご主人様で売買担当、奥様は賃貸担当、最近新たに加わった娘婿殿が新人修業中の3名体制です。先代から不動産業を営まれており、歴史があり、地場に太いネットワークをお持ちです。私が競売で落札したアパートの隣のアパートを管理していたのがこの会社でした。

最強の空室対策は、経験豊かな、地元に太いネットワークをもった方を味方につけることでした。私の仕事は、賃貸担当の奥様が動きやすい環境、関係を構築するだけでした。

そして極めつけはこれです。

「このオーナーのためなら一汗かいてあげよう」と思ってもらえるよう、私も体を張りました。定期的にアパートの草むしりや掃除に行き、帰りには不動産会社へ訪問して、お邪魔にならない程度に世間話、奥様のグチをしっかり聞くことに徹し、信頼関係の構築に努めました（ただし、自慢話は厳禁です）。

手土産も忘れません。こんなアパートオーナーあまりいないでしょう。

時間をかけ、さまざまなお付き合いをするうちに、徐々にではありますが、お互いの信頼度が増し、その影響で空室への内見数（空室への内覧件数）が増えていきました。内見が増えると、アパートへの入居確率も上がり、徐々に満室になっていきます。退居がわかった部屋（1

カ月前の告知義務があります）は、わかった時点ですぐに次の募集をかけてもらうので、前の入居者の退去時には、次の入居者が決まる状態になってきました。

変われば変わるものです。やはりキーマンは奥様でした。驚くほど地元に根付いていらっしゃいます。注意して話を伺っていると、ほとんどの地元企業の経営者やキーマンを押さえていました。社員寮に入れない社員をカバーしてほしいと連絡が入ったり、結婚する社員の入居先を世話してほしいとか、挙句の果てには、市役所から生活保護の入居先問い合わせまで入っていました。

「賃貸市場が動かない」と空室が埋まらない言い訳をときどきおっしゃいますが、打つ手はいくらでもお持ちのようです。

「商売の基本は〝紹介〟はどの業界でも変わらないようですが、奥様はこの言葉を体現されている実力者です。そして、ときには、お行儀が悪い入居者様を厳しく叱りつけたりする、肝っ玉母さんみたいな側面もお持ちで頼りになる存在です。

最強の空室対策は、経験豊かな、地元に太いネットワークをもった、信頼できる人を味方につけることです。物件が増えた今でも通用するので、この考えは間違いないと思っています。

このことを理解するまでに、多くの時間とお金がかかってしまいました。しかし、不動産管理、投資の本質を理解できたと感謝しております。おかげさまで、今でも全物件満室をキープできています。

確定申告は宝の山

皆さんは真面目に確定申告されていらっしゃいますか。納税は国民の義務です。我々が納める税金で地域や国が回っていきます。私もしっかり納めています。必要経費はしっかり計上し、適正な節税を行い、残った利益を積み立てて、次の投資へ回していきます。

不動産運営の3大経費は、「固定資産税」「借入金利」「減価償却費」といわれています。

なかでも減価償却費は物件によって大きくなることもあり、しっかり活用したい部分です。

この減価償却費をコントロールできると、税金をある程度コントロールできるようになります。上手に活用すると、こんなに美味しいものは他にはないと思います。

減価償却費とは、簡単に言うと「時間差で費用にできる経費」、「お金を使わないときでも費用計上できる経費」です。

金額が大きい建物部分や機械設備は購入した年に一度に全部費用計上するのではなく、あらかじめ決められた年数で複数回に分けて減価償却費として計上するよう定められています。つまり、購入したあとは、実際のお金を使っていなくても、各々決められた期間の間、費用計上できてしまいます。

利益を少なく見せることができるので、納める税金を少なくすることができるのです。魔法の杖のように感じるのは私だけではないと思います。お金を使わない年でも、費用計上できてしまうなんて最高です。利益のコントロールが自分の工夫で可能になるのです。

では、この減価償却費の仕組みはどうなっているのでしょうか。

モノには耐用年数があります。減価償却費を計上できる年数のことです。そして、税法上、減価償却費を計算するために、モノによって耐用年数が決められていて、建物も構造ごとに耐用年数が決められています（図表6-2）。

たとえば、鉄骨（３ミリ超４ミリ以下）の建物であれば、27年かけて経費計上できることを意味します。同じ1億円の建物であっても建物の構造によって法定耐用年数が異なるので、鉄筋コンクリート（ＲＣ）であれば「47年」、骨格材の肉厚が４㎜以上の鉄骨は「34年」、木造は22年間かけて経費化していくので、耐用年数が短い建物ほど、年間の減価償却費が多くなって短期間で利益を圧縮できます。つまり、その分支払う税金を減らすことができ、最終的に税引

図表 6-2　構造別の法定耐用年数（2019年12月現在）

構造	法定耐用年数
鉄筋コンクリート（RC）	47年
鉄骨（4㎜超）	34年
重量鉄骨（3㎜超～4㎜以下）	27年
軽量鉄骨（3㎜以下）	19年
木造	22年

き後利益を多くできます。そして、木造であれば、23年目に売却するのです。ここが出口のひとつです。

右記のことをわかりやすくするために、極端な例で説明します。

1億円の鉄筋コンクリート（RC）の建物耐用年数は「47年」です。減価償却費は1年間で約212・7万円（＝1億円÷47年）です。つまり、お金を使っていない年でも、毎年212・7万円を経費計上できます。

家賃から費用として毎年212・7万円差し引いたあとの額から税金の計算を始めます。利益を少なく見せることが可能になります。

1億円の木造の建物の場合はどうでしょう。これも極端な例です。木造の建物の建物耐用年数は「22年」です。減価償却費は1年間では約454・5万円（＝1億円÷22年）です。つまり、お金を使っていない年でも、毎年454・5万円を経費計上できます。家賃から費用として毎年454・5万円差し引いたあとから税金の計算を始めるので、利益をさらに少なく見せることができます。つまり納税金額を少なく、節税が可能となります。

築年数が耐用年数を超えている古い建物の場合は次のような計算式になります。

・取得時、すでに築年数が耐用年数を超えていた場合の耐用年数＝法定耐用年数×20％

ただし、これらの計算により算出した年数に1年未満の端数があるときは、その端数を切り捨て、その年数が2年に満たない場合には2年にするのが決まりです。

たとえば、木造の建物（耐用年数22年）で耐用年数を超えている場合でみてみましょう。

右記と同様に、購入建物部分が1億円あり、法定耐用年数を超えてしまった築年数30年の古い木造の場合、左記のように「法定耐用年数×20％」の式に当てはめると、償却年数は、22年×20％＝4・4年になりますが、端数部分は切り捨てるので4年になります。

木造の耐用年数22年×20％＝4年（端数切捨て）

つまり1年間で経費に2500万円（1億円÷4年）も経費にでき、これを4年間継続できます。短期間、赤字にもできそうです。赤字だと残念ながら納税できません。他の家賃との兼ね合いで、利益が出すぎそうだと思った場合、計画的に築古の戸建てを購入して、利益コントロール、節税対策をとるのはよい方法だと思います。このように築古物件を合わせて所有していくと、不動産全体での税金コントロールが可能になります。

減価償却費は魔法の杖だと感じています。

確定申告書に面白い部分があります。「確定申告書B　第一表　⑯寄附金控除」です。認定特定非営利活動法人などに寄付をした場合の所得税額の特別控除です。国税庁のホームページには左記のように掲載されています。

次のいずれか低い金額－2000円＝寄附金控除額

①イ　その年に支出した特定寄附金の額の合計額

図表 6-3　確定申告書 B　「寄附金控除」と「政党等寄附金等特別控除」

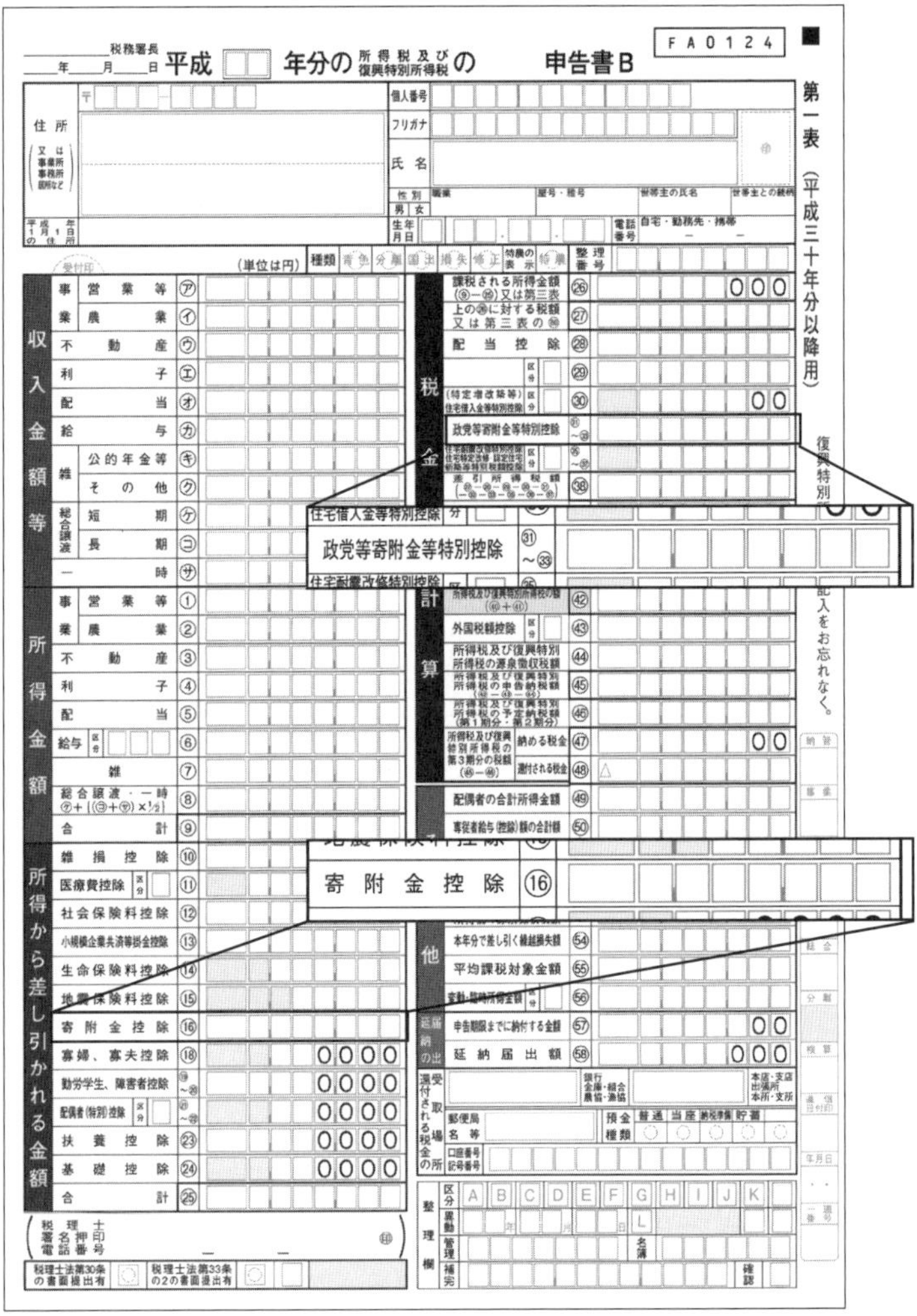

②ロ　その年の総所得金額等の40％相当額

通常は「イ」の場合が多いのではないでしょうか。ある程度の寄付を経費計上できるので、このような節税も面白いと思います。

たとえば、10万円を「認定特定非営利活動法人」へ寄付すると、確定申告時に２０００円を引いた金額９万８０００円が費用として経費計上できます。

「税金で納めるぐらいなら、あの組織にたっぷり寄付してしまおう」というのもありかもしれません。私は税金を納めるなら、その税金を有意義に使ってほしいと思っています。ところが税金を納めても必ずしも有意義な使われ方をしているとは思えないことが少なくありません。

そうであれば、税金として国に納めるのではなく、非営利で社会貢献活動や慈善活動を行うＮＰＯ（民間非営利組織）などに寄付すれば、自分でお金の使い方を決めることができます。

ただし、寄付を経費計上できる「認定ＮＰＯ（特定非営利活動）法人」は限られており、本当に寄付したいところは対象になっていないことが多いので少し残念ではありますが……。

また、もう少し面白いと感じたのは「確定申告書Ｂ　第一表　㉛〜㉝政党等寄附金等特別控除」です。

国税庁のホームページには次のように掲載されています。

支払った年分の所得控除としての寄附金控除の適用を受けるか、又は次の算式で計算した金額（その年分の所得税額の25％相当額を限度とします。）について税額控除の適用を受けるか、いずれか有利な方を選択することができます。（特別控除額の計算）

そうなんです。経費として計上して計算するのではなく、経費を引き終わり、税率を掛け終え、税額を計算し終わったあとから、政党寄附金を引く、いわゆる「**税額控除**」なのです。政党への寄付金はとても優遇されているのです。ここには政治の力の一端を垣間見ることができます。

このように税金はある程度コントロールできます。計画的に減価償却費を活用し、納税リスクをコントロールすることが可能です。確定申告の仕組み、納税の仕組みを理解することがとても重要です。

意外なのは、税務署の職員さんはとても親切なことです。わからないことを質問しても、いやな顔ひとつせず、丁寧にわかるまで教えてくれることがほとんどです。身構えずに、懐に飛び込んでみることをお勧めします。電話での相談でも親切です。

源泉徴収について

余談になりますが、確定申告をしない普通のサラリーマンは「源泉徴収票」で納税金額を知ることができます。ところが多くのサラリーマンは税金にあまり興味がないようです。節税の工夫の余地がなく、自動的に取られてしまうものだからでしょうか。年末に税金の還付があったりしたら、お小遣いをもらったかのように喜んでしまいます。かくも税金に興味を失わせる源泉徴収制度、納税、徴税という難しいイメージを植え付ける戦略、痛みを感じさせないこの仕組みを発明した人はノーベル賞ものだと私はいつも感じています。

日本の源泉徴収制度は戦時中の昭和15年（１９４０年）にナチスドイツを見習い、軍事費用を効率的に徴収するために導入されたといわれています。戦後になっても効率的に徴税できるという理由から廃止されることなく、そのまま続いている税金の納付方法です。

ウィキペディアによると、そもそも１７９９年にイギリスがナポレオン戦争の戦費調達のために、貴族階級を課税対象に創設した所得税の徴収が源泉徴収の起源のようです。その後、広く国民大衆を相手にする源泉徴収制度を制度として機能させたのはナチスドイツで、第二次世界大戦後多くの先進諸国に影響を与えました。アメリカでは第二次世界大戦中の１９４３年に導入されたそうです。

兵器の開発だけではなく、戦費調達の仕組み、税金徴収方法まで開発してしまう戦争とはすごいパワーを持っていますね。結局、戦争のつけを払わされるのは国民です。国民が税金というかたちで戦費を徴収されて、結果の尻ぬぐいをさせられるのは歴史が証明しています。やはり、私たちは戦争、そして税金とは永遠に戦っていく宿命にあるようです。知恵比べですね。

相続対策は今すぐ始めないと間に合わない

人間には寿命があることは誰もが知っています。でも、永遠に生きていくような感覚を持っている人は意外と多いのではないでしょうか。そう簡単には、「自分は死なない」と誰しも思っているようです。

私の義父もそうでした。持っているＰＣを新しいＰＣに切り替える当日に緊急入院し、いきなりＩＣＵ（集中治療室）に入ってしまいました。

「自分の体は自分が一番よく知っている」というセリフはもしかしたら眉唾ものかもしれません。人生は死と隣り合わせのようです。

そして、人生は税金との戦いの歴史でもあると考えています。その税金のなかでも最も重税感を感じるのが相続税です。3代で相続財産はなくなってしまうといわれています。

相続税の税率は図表6−4のとおりです。

基礎控除、各種特例、不動産取引での歪みなどを利用して、相続に備えよう、遺族に少しでも大切なお金を引き継いでいこうと私は考えています。

それでは、どのような対策をすればいいのでしょうか。

結論から申し上げます。現実的にはコツコツと生前贈与を行うことが有効だと考えています。長い時間軸

図表 6-4　相続税の速算表（平成 27 年 1 月 1 日以後の場合）

法定相続分に応ずる取得金額	税率	控除額
1,000 万円以下	10%	−
3,000 万円以下	15%	50 万円
5,000 万円以下	20%	200 万円
1 億円以下	30%	700 万円
2 億円以下	40%	1,700 万円
3 億円以下	45%	2,700 万円
6 億円以下	50%	4,200 万円
6 億円超	55%	7,200 万円

をつかって、キャッシュを積み上げていくのです。

相続税対策に奇天烈なウルトラCはないようです。今から打てる手を着実に実行、継続していきましょう。

不動産を活用した相続税対策

相続税対策にウルトラCはないと述べましたが、不動産を活用することで相続対象物の評価を下げることは可能になります。

どれくらいの対策になるのか、現金と不動産との評価を極端な例で比較してみましょう。

Aさんが現金1000万円をもったままお亡くなりになった場合、1000万円が相続税の評価対象になります。

一方、Bさんは、同じ1000万円でも生前に土地を購入していたとします。

・時価 1000万円
・相続税路線価 8万円／㎡

図表 6-5　不動産のほうが相続税が安くなる

● Aさんの資産

・現金 1,000万円

<Aさん相続税評価額>

現金の評価額＝ **1,000万円**

● Bさんの資産

・土地面積 100㎡

・時価 1,000万円

・相続税路線価 8万円／㎡

<Bさんの相続税評価額>

土地の評価額＝

8万円／㎡（相続税路線価）× 100㎡（地積）

＝ **800万円**

● Bさんの資産

（Cさんに土地を貸していた場合）

・土地面積 100㎡

・時価 1,000万円

・相続税路線価 8万円／㎡

<Bさんの相続税評価額>

土地の評価額＝

8万円／㎡（相続税路線価）× 100㎡（地積）

×（1 − 60%（借地権割合））

＝ **320万円**

同じ価値の現金と不動産では、不動産のほうが相続税評価額が低い。つまり相続税が安くなる！　借地であれば、借地権の割合に応じてさらに相続税は低くなる！

・土地面積 １００㎡

この状態でＢさんが亡くなった場合、時価１０００万円の土地が相続財産となります。ただし、相続財産が土地の場合、土地の相続税の評価額は１０００万円ではありません。

土地の評価額は、路線価（円）×地積（㎡）で求められますので、今回Ｂさんの土地は８万円×１００㎡＝８００万円という評価額になり、これが相続税の対象になります。土地と現金、どちらも価値は１０００万円です。しかし、同じ１０００万円の価値でも不動産のほうが相続税評価額を少なくできるのです。

次に持っている土地を借地にしたとします。たとえば、Ｂさんが先ほどの１０００万円の土地を他人のＣさんに貸していたら、どのようになるのでしょうか。

Ｃさんは借りた土地に、自宅を建てて住んでいます。この状況でＢさんが亡くなった場合、この土地の相続税の評価額は８００万円ではありません。貸した土地に他人が家を建てている場合は、路線価×地積×（１−借地権割合）という計算式に変わります。借地権割合というのは、Ｃさん（借り手）から見れば土地を借りて自由に使える割合であり、Ｂさん（貸し手）から見れば土地を借りられていて自由に使えない割合ということになります。

地域によってこの割合はさまざまですが、一般的には60%～70%です。今回Bさんが購入した土地が借地権割合60%の地域にあるとした場合、先ほどの計算式にあてはめると、8万円×100㎡×（1－60%）＝320万円という相続税評価額になります。

このように、現金を不動産に変えることにより、相続税評価額を減らすことができます。これも不動産の魅力のひとつといえるでしょう。

【コラム③】妻からの信頼がなければ、私は不動産で成功しなかった！

２棟目のアパートに投資をするとき、妻からお金の提供の申し出がありました。このことは妻が私を信頼してくれたという証しと感じました。妻がお金の提供を申し出てくれた以上に、私の不動産投資に対して理解を示してくれたことがとても嬉しかったことを今でも強く覚えています。

じつは、１棟目のアパート投資をするとき、妻は疑いの目で私を見ていたようなのです。

「単に遊ぶお金が欲しいだけなのではないの？」

「欲の皮がつっぱっているんじゃないの？」

「危ないなあ。失敗して、お金を失ってしまうのではないだろうか……」

あとから聞けば、そんな疑いや不安があったようです。それは当然といえば当然です。

しかし、私が不動産投資に取り組みはじめ、朝早起きして継続して勉強している姿や、節約を優先させ無駄使いをしなくなったことなど、徐々に変わっていくなかで、妻の私を見る目は変わっていき、それが信頼につながっていったようです。

妻のこうした信頼してくれる気持ちや協力がなければ、私は不動産投資で現在のように成功することはなかったはずです。

不動産を管理してくれる業者様の協力も大事ですが、じつは最も重要な協力者は「家族」なのだと強く感じています。

第7章

投資で資産を安全に守りながら増やす

資産三分法による安全な投資術

皆さんはアセットアロケーションという言葉を聞いたことがあるでしょうか。

アセットアロケーションとは「資産配分」のことです。持っている資産をどのように配分して、どのように資産を守るのか、あるいは増やすのかの割合のことです。

これは人生における年齢や資産額などによって変化しますし、時代によっても変化します。また、チャンスがめぐってきたときも当然変化させるものです。

資産にはいろいろなモノがあり、考え方でも多岐にわたります。そして、その資産割合は、その人の生き方を反映しているようで興味深いところでもあります。

では、ここでは大胆に資産を3つの要素、「現金」「不動産」「株」（＝資産三分法）に分けてご説明します。

まず、現金です。

これは流動性資産の代表で、資産の本質です。安全性を担保し、チャンスに備えることができます。この重要性を本当に理解している人は意外と少ないかもしれません。

私もその一人でしたので、偉そうに言えませんが、わかりやすく言うと、現金は利益、安全

図表 7-1　資産三分法

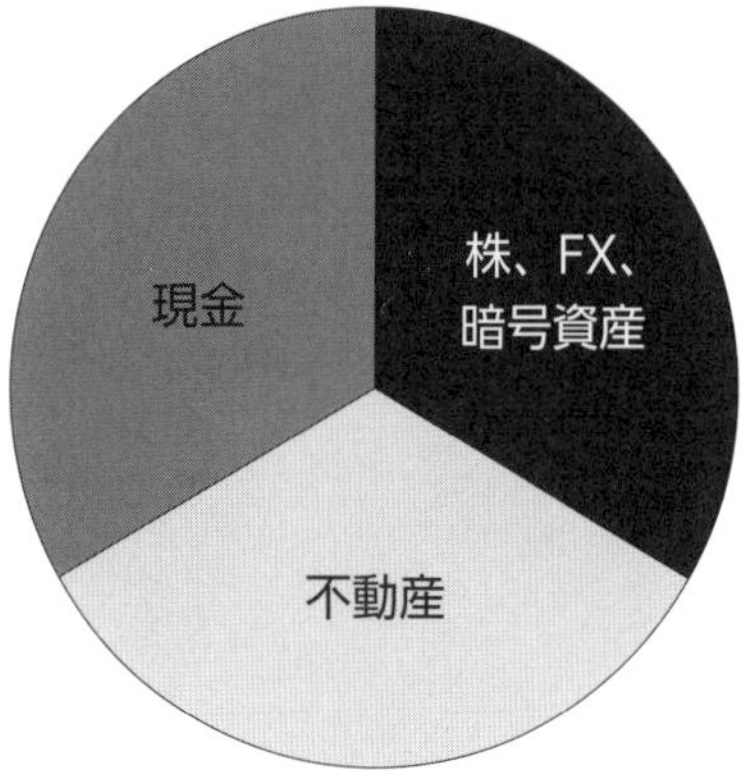

の源泉です（現時点では）。

どれだけ多くの現金をもっているかで、チャンスが巡ってきたときに利益に変えられるかの大きさが決まってきます。

多くの人はチャンスが巡ってきても、手元に投資できる現金がないことが多いため、指をくわえて眺めているしかありません。これが富裕層とそうでない層とを分ける根っこの部分だと思います。

多くの人は常にお金儲けをしたい、利益を増やしたいと熱望しているので、いつも目一杯、ぎりぎり、もしくは身動きが取れないほど、借金をしてまで無意識にリスクを取って、すでに投資してしまっている場合があるようです。ですから、本当のチャンス、小さなリスクで大きく儲けられるときが突然出現しても、新たに投資をする余裕、つまり現金がないため、チャンスに乗れないことが多いのが現実ではないでしょうか。

「とにかく不安だから預金しておく、よくわからないから預金しておく」のではなく、「大きく儲けるために、積極的に現金をキープしてチャンスを待つ」のです。

ライオンが獲物をじっと待っているイメージです。目先の小さな利益に飛びつかず、この我慢ができるかどうか、大きくその人の将来を変える力になると考えています。

次に不動産です。

これは固定資産です。収益不動産は家賃収入などを安定的に生み出す、打ち出の小槌です。銀行の融資などを活用することが多いのでサラリーマンとしての属性を活かせるところでもあります。場合によっては、頭金なしのフルローンでの投資が可能な場合もあるようです。これには、タイミング、時期、金融庁の姿勢が大きく影響します。

ただし、動かせない資産なので、持ってしまった場合、何らかの危機に直面したとき、対処に苦慮します。

対象物件は慎重に選別する必要があります。立地選定、空室対策、自然災害、事故など、多くの場面を想定して準備、そしてチームで取り組む必要があります。

リスクと利益の兼ね合いをどうとっていくか。収益不動産はいったん手間を掛けずに済む仕組みができ上がると、本当に手間いらずになり、サラリーマンに適した安定収益を生み出せる方法です。スキマ時間を積み上げる、上手に時間を活用するサラリーマンこそが富を増やせる安全な投資になりえると考えています。

しかし、これが自宅などの収益不動産ではない場合はどうでしょうか。

自宅は、お金を生まない、固定資産税などの費用を生み出すものという見方ができます。投資という観点から見た場合、自宅は資産というより、「負債」と考えたほうが適切のような気がしています。

「男は家を建てて一人前」などとよく言われますが、本当でしょうか。

国や地域、会社などが、その人間に足枷をはめるための方便ではないかと、私は疑っています。家を建てれば、住宅ローンを借りることが多いでしょう。勤務先の会社では、その従業員は毎月のローン返済の原資として給料を重視し、会社や上司に従順になっていきます。

住宅ローンを返済するために、多くのことを犠牲として差し出し、身動きがとれなくなってしまいます。

そして、国は固定資産税を徴収できます。地域は住民税、店舗は家電製品や食料品、家具など消費財を購入してもらえますから儲かります。モノが売れれば、消費税が発生し税金が入ってきます。

３つめは株です。

これはリスク資産です。金融資産を増やすための資産です。マイナスになることもあるのでリスクを自覚しやすい資産でもあります。

ＦＸ（Foreign Exchange：外国為替証拠金取引）や暗号資産（仮想通貨）もリスク資産に分類されます。換金性は高いですが、いったん損失を抱えてしまうと、いわゆる「塩漬け」状態になりがちなので、取引を開始（エントリー）するときは、いつ利食い（利益確定するか）をするのか、いつ損切り（損失を確定するのか）を決めてから始めるのがコツです。

つまり、いつ自分のシナリオと反対の動きをしても、マイナスを最小限に止められるようにストップ（損失の強制確定）を設定しておくこと、**いかにロスカット（損切り）をしっかり実行できるかどうかが重要です。**これこそが「利益を出せる投資家」になるかどうかの分かれ目になると考えています。損失を最小限に止めながら、利益を拡大していくのが安全な投資術の肝だと思います。

現金、不動産、株、この３つの資産をどう配分するか。理想はこの３つを均等に３分割して運用することですが、意外と難しいことではあります。

各人、今までの歴史や背景はさまざまですが、日本人の多くは、資産の多くを不動産で持っています。その多くは自宅です。相続する資産の多くは不動産で、手元に納税するための現金がないため、せっかく相続された不動産を安値で売却せざるを得ないというケースが多いようです。

納税は基本、現金なのです。ここでも、現金の力を実感できます。

つまり、見方を変えると、現金があれば、優良な資産を安値で買うことが出来る可能性があるとも言えます。

不動産売買の現場では、買い手は、ローンを組む人より、現金決済する人が優先されるのはいうまでもありません。そして現金があれば、融資が通らない、一等地ではあるものの、区画が悪い、廃墟同然の古い住宅を格安で仕入れ、アパートなどを建て、収益不動産へ生まれ変わらせることも可能です。

不動産投資は基本、長期での投資です。数十年単位で、資産を3分割し、安定した収益と、チャンスに乗れる体制を整えましょう。

チャンスは何度でも訪れます。今回や次回のチャンスに乗れなくてもいいのです。その次の

3回目、もしくは5回目や10回目にやってくるチャンスに乗れるよう、ゆっくり準備をしていきましょう。

資金管理は守りではなく「攻め」そのもの

資金管理と聞くと、管理をする、守りだけのイメージがあります。しかし、意外にも投資においては「資金管理」こそが、「攻め」そのものになっていることに気付かされます。

資金管理こそが投資の本質です。ボクシングでたとえると、パンチを繰り出した腕は、伸びきった状態のままでは、何の役にも立たないどころか、相手に攻撃される隙を与えてしまうだけです。すぐに元の位置に戻して、防御を兼ねながら、次の攻撃の準備に入らなければなりません。ヒット&アウェイです。

ＦＸ投資を例に説明します。

一般にＦＸは危険な取引、博打みたいなものといわれることが多いのですが、実はそんなことはありません。薬と一緒で用法、用量により、良い効き目が出たり、毒のような効き目が出たりする効用があります。扱い方次第です。良い心がまえで扱えば良い効き目が出てきますし、悪い心がまえだと、よくない効き目がでてきます。

1回のＦＸトレードで大きなヤマを当てようとするのではなく、通常のビジネスのように、確実に小さな利益を積み重ねていくトレードが資金管理トレードです。

たとえば、トレードで「買い」でエントリーして、ある程度の利益が出てきたら、利益を半分確定します。同時にストップロスオーダー（自分の予想に反して相場が突然反対方向に動き出してしまった場合に備えて、損失を限定するために行う、強制的に取引を終了させる注文のこと）を、買値よりも高い価格に移動します。すると、このトレード（取引）は利益が出ることが確定した安全な取引となります。

残りの半分はうまくいけば、もっと利益が増えるかもしれないし、わずかな利益で終了になるかもしれません。いずれにせよ、この場合は利益が確定している安全な取引です。

このような安全な取引を、小さく、数多くこなします。

普通のビジネスとあまり変わらないですよね。このように博打と世間で呼ばれているＦＸでさえ、安全に確実に利益にできる〝仕組み〟があるのです。

そして、逆に損失になった場合、少しだけの損失を確定させて撤退します。

最も重要なことは、トレードを始める前に負けた場合、いくらの損失を被るかを把握してお

くことです。最大損失許容額を確定しておくのです。そうすれば、仮にトレードで負けた場合でも自分の想定の範囲内に負けを抑えることができ、安心してトレードができます。

そして、一回ごとのトレードにこだわるのではなく、回数により、月間や年間での利益の額を重視します。〝この仕組み〟が資金管理により利益にする投資です。

しかし、FXトレードで利益にできるかどうかハッキリしたことは、実は誰にもわかりませんから、利益になる確率が高いときだけ、トレードするかどうかを検討します。いわゆる、「リスク（不確実性）：リワード（報酬）＝1：2」という法則です。

リワード（報酬）がリスクの2倍以上あるトレードができるときだけ、トレードしてあげるかどうか検討するという考え方です。ちょっとだけ上から目線です（笑）。チャンスのときだけ、少しだけリスクをとり、取引をして利益をいただきます。その利益を少しずつ、数多くのトレード数で積み上げます。一度の取引で大きく利益を取るのではありません。少しずつ、数多くがポイントです。

重要なのは、どれだけ手持ちの資金を残せたか、増やせたかです。大きく儲けても、次のトレードでさらに大きく負けてしまっては意味がありません。大きく負けないことが手持ちの資金を増やし続けていく肝になります。つまり、**小さく負ける技術が重要です。**

投資は確率のゲームなので、すべてに勝ち続けることはありえません。どんな天才でも、いつかは必ず負けるときが訪れます。ですから、いつ負けてもいいように備える、始める前に負けた場合の最大損失許容額を決めておく――その負けを小さい負けにする投資が、資産を増やせる投資です。**市場には管理できるものと、できないものがあります。**外国為替の価格がどう動くかは誰にもわかりません。管理できない領域です。管理できない領域での勝負にこだわりをもってはいけません。無意味なことです。管理できるものに注目しましょう。

管理できるのは、自分の行動です。利益や損失を確定するタイミングや金額、許容できるリスクの大きさなどです。管理できる領域での勝負が成功できるかどうかを決めるのです。資金管理が守りではなく、攻撃そのものと言われる所以です。これはすべての投資に共通する考え方です。

サラリーマン資産防衛術、FX投資、暗号資産（仮想通貨）

これまで見ていただいたように、資産は増やそうと本気で取り組めば増えていくものです。資産の拡大、防衛は難しいもの、めんどくさいもの、一部のお金持ちの人だけがやるものではありません。そう思い込まされているだけです。そう思い込ませるほうが、国家にとって都合がよいからです。

国家とは平和を維持するための仕組みです。国家は善意で国民を守っているわけではなく、税金を徴収し体制を維持するために国民を守っていると言ってもいいかもしれません。羊飼いと羊の関係に似ています。羊にあまり賢くなられては管理するのが難しくなります。極端に言うと、国家は税金を徴収するために国民を存在させていると私は考えています。ですから、国に人生を委ねるのは賢明ではないと思っています。

「士農工商」の思想はいまだに脈々と受け継がれているのではないでしょうか。そのいい例が、私たちが「お金」を汚いものと思い込まされているという事実です。

皆さんもお金の重要性は認識されていると思います。でも、大きくお金を儲けることに、なぜかうしろめたい気持ちがありませんか。たぶんこんな意識をもっている民族は日本人くらいなのではないでしょうか。

士農工商の時代では、「商人」を階層の最下層に置いていました。理由は、「お金という汚いものを生業にしている賤しい階層だから」という理由をつけられていました。そのように理由づければ、他の階層とのバランスもつけやすく、管理しやすく、お金を搾取しやすいと支配者層は考えたのではないでしょうか。そのような仕組みにしておけば、無意識のうちにお金は汚いものであるという思想を刷り込めます。このような仕組みで、私たちは、お金は汚いものだと深層心理に刷り込まれてきたのではないかと想像しています。

そんな強力な外部環境を私たちだけの努力では変えることはできません。家族の協力、血族の協力、信頼できる仲間の力で自らを守ってゆかねばならないと思っています。

ではどうやって私たちサラリーマンは資産を拡大・防衛していくのか。

まずは三分法で理解していただいた、力の源泉である、現金を貯めることです。可能なかぎり最大金額を給与天引きにして貯めていきましょう。浪費をせず、お金を使わず、いざというとき、そしてチャンスに備えるのです。

貯金が増えると、金融機関からの信用力も上がります、投資の頭金に使える金額も増えてきます。そして、その貯蓄期間（＝自分の欲望をコントロールする技術を身に付ける期間）を資産拡大のトレーニングに充てるのです。大きくした種銭を投資によってさらに大きく、太く育てていくのです。

不動産投資であれば収益シミュレーションを繰り返し、現地調査を重ね、セミナーに参加して良質なコミュニティで信頼できる仲間を求めるのも大切なことだと思います。

良質なコミュニティについて尊敬する方から教えていただきました。

知識として知っていることをできるようにすること、またそれを継続し、発展させていくこと。これらのためには個人で行う技術練習とともにコミュニティが不可欠だと言われています。

メンタリング（健全な軌道修正）でよく言われることのひとつに「年配」「同世代」「年下」の3方向からの助言を求めることができる環境づくりというものがあります。この3つのモデルは私たちにとって成長の触媒になってもらえるもので、あるときは先を見通し、あるときは現在地を把握し、あるときは「本当にこれでいいのか」という良し悪しを客観的に知ることができます。

この3つのモデルを持つということは、そういう視点と気付きを関係性の中から得る方法のひとつで、教科書に載っていない、有機的な学習方法だと思います。

利益になった分だけリスクをとるという考え方

たとえば、FXで1万円分のエントリーが1万3000円で利益確定したとします。つまり、3割の利益、3000円の利益です。次回のエントリーでは、利益になった3000円を増して1万3000円分のエントリーをします。元金の1万円分はすでにリスクにさらして、無事無傷で生還して戻って来たものと考えます。

いわゆる「複利」の考え方です。

これをコツコツ繰り返していきます。初めは小さな額ですが、繰り返すことにより、徐々に金額が増えていくと同時に、自分のトレードスキル、メンタル管理、生活習慣、資金管理も向上していきます。

こんな感じです。

元金＋利益＝新元金（1万円＋3000円＝1万3000円）

新元金を投資して、同様に3割の利益を出したとすると、次のようになります。

新元金＋利益＝新新元金（1万3000円＋3900円＝1万6900円）

このように「うまくいけば」雪だるま式に増えていくことになります。しっかり利益を管理し、守っているかたちが攻めになっています。しっかり守りながら、大きく資産を拡大していけるのが、資金管理は攻撃そのものであるという考え方です。

「資本」（現金）を「資産」に変え、「投資」します。「投資」から「収益」を上げ、得られた収益を「資本」（現金）へ組み込みます。この黄金のサイクルを回し続けていくのです。

図表 7-2　資産を増やす「複利」の考え方

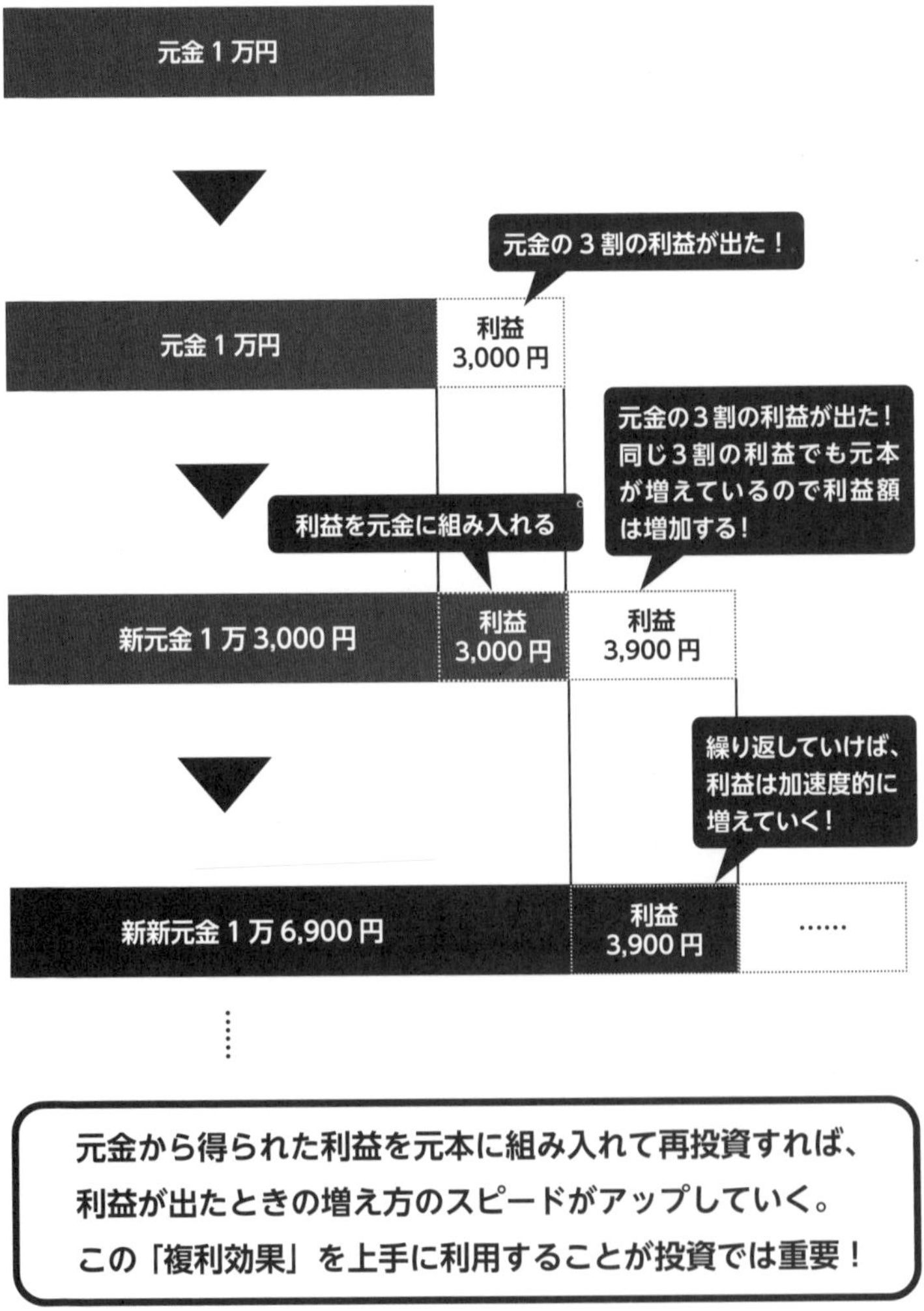

相続は資産を築いた「心がまえ」の継承！

どんな人間にも例外なく寿命があります。人によりさまざまですが、正常に判断できる脳の状態、思いどおりに動かせる肉体の状態、そんな素晴らしい期間にもかぎりがあります。

その期限前までに相続準備が済んでいるように、早目に相続の準備に入れるのは、投資家マインドを持てた人の特権ではないでしょうか。

この当たり前のことにほとんどの人は気づかぬまま生涯を終えてしまうようです。

子どもたちのために一生懸命努力して資産を築き上げ、さあこれから、というときに何の準備もされておらず、多くの資産を相続税という名目で国家に没収されてしまうのを防ぎましょう。

世間では、土地や株、現金といった資産の継承を「相続」と呼びますが、単に資産を移すだけではもったいないと私は思っています。

本当に継承すべきは資産そのものだけではなく、資産の築き方、考え方、生活習慣、信頼できる仲間、なにより「心がまえ」だと思います。人生は単独で存在するものではありません。

先代、現世代、次世代と重なり合って、連綿と続く1本の鎖のようなものです。過去そして現在の知恵は、次世代に引き継ぎたいのです。先代の経験や知恵が有効に引き継がれるからこそ、資産が輝きを帯びてくるのではないでしょうか。

大切なのは、考え方、生活習慣、信頼できる仲間、築き上げたスキル、そして心がまえなど、**「目に見えない資産の継承」**ではないでしょうか。

現役サラリーマンの年代であれば、これからでも十分間に合います。単なる税金対策ではなく、資産の拡大、資産の防衛です。土地の活用、保険の活用、FXの活用、法人の活用、コミュニティの活用、暗号資産（仮想通貨）の活用など、各人の興味や資産状況や生活背景、考え方、タイミングなどを踏まえ、各人に最適なやり方を見つけ、理解を深め、楽しく継続実行していくことが肝要だと考えています。

おわりに

以前、インド人の実業家の家を訪問したことがあります。

家の中には物がほとんどなく、ガランとしていました。とてもスッキリとした家だなあと思っていると、そのインド人はモノが多くて困っていると話していました。私は冗談だと思って笑っていましたが、本心からの発言でした。

人によって感覚や考え方がまるっきり違うことを学びました。モノがないことはよいこと、不便なことは便利なこと、これは生きていくうえでの真理だと思ったものです。

モノはなくていいんだ、むしろないほうが人間にはよいことのほうが多いと感じることもあります。

フィリピンの地方都市の友人宅に滞在する機会がありました。その地区は裕福ではありませんでしたが、一族、血族、縁ある人々が助け合い、本当に仲良く、楽しく暮らしていました。日々の営みは家族の愛に満ち溢れ、お互いを大切に思い合い、お互いの役に立とうとするような、ユートピアのような世界でした。

そんな世界を見てしまうと、富とはお金だけではない、ほかの何かが必ず必要だと感じてしまいます。富は愛をベースにつくりあげられていくものだと思います。

日本人だと、愛というと、なんだか少しの照れ臭さと、怪しさを感じる人もいらっしゃるかもしれませんが、日頃、心で感じていること、感謝の気持ち、ありがたさなどをひと言で表すとたぶん「愛情」という言葉になるのだと思います。一日一日を生きることができることに感謝し、毎日を精一杯生きていきたいと心から思いました。

人はさまざまな条件のもとに生まれてきます。ある人はとても裕福で大金持ちの家に生まれ、ある人は何らかの障害を持って生まれてきます。日本人は普通のサラリーマンの家に生まれた人が少なくないでしょう。

人はさまざまな条件のもとで生まれて、成長していきます。私たちはその各々の条件のもとで生き、変化していくしかありません。他人をうらやんでも何も変わりません。

まず、生まれてきたこと自体に感謝をしたいのです。そして、生まれた条件の意味を考えるよりも、理由を追及するよりも「これから先」をどう生きていくかを考え、実行していくことが重要だと思います。「運が悪い生まれだ」と思っていても、自分の努力で驚くようなよいことが起こりえるのが〝人生〟だと思っています。私たちの何が幸いに、そして何が不幸に転じるかはわからないのです。

人生は期間限定のゲームなのかもしれません。

充実した人生にできるかどうかは主体である自分の心がまえ次第だと思います。初めはお金がないサラリーマン、体に障害がある子どもなど、さまざまなハードルが待ち構えているかもしれません。知恵を使い、仲間の力を借りたりして乗り切っていくのが人生の醍醐味なのではないでしょうか。

そして、せっかく生まれてきたのですから、自分だけの幸せを願うのではなく、縁あって知り合えた信頼できる多くの仲間も幸せに、笑顔にしていけたらと思っています。生きることに貪欲に取り組んでいきたいのです。

サラリーマンとして、仕事に取り組むなかで、多くの仕事とめぐり合い、琴線に触れる経験をします。サラリーマンだからといって、自分の可能性を広げることや、会社以外の人たちとの出合いを諦めたくない。多くの人たちの笑顔を見たいと思っています。

富は他人を幸せに、豊かにすることによって、巡りめぐって大きくなって自分に返ってくると私は考えています。

この富を使い、さらに大きく増やし、次世代や縁あって知り合いになった仲間や特別なコミュニティに役立てていきたい、時空を超えて多くの世代を豊かに、幸せな人達を増やしていきたい、それが私の願いです。

スキマ時間を上手に活用することで、可能になると信じています。最後までお読みいただきありがとうございました。

最後にこの本を書くきっかけを与えてくれ、最後の最後まで支援を惜しみなく注いでくださった、株式会社メデュ代表取締役　鹿子木健様、株式会社メデュ取締役　原裕二様、常に優しく応援していただいたソフィアのコミュニティのメンバーの皆様、温かい視線でご指導いただいた実業之日本社代表取締役社長 岩野裕一様、担当していただいた大串喜子様、編集していただいた有限会社バウンド代表取締役 清水友樹様、ここに書ききれない多くの方々の支援により、ここまでやって来ることができました。感謝申し上げます。

そして、私の最大の理解者であり、支援者である妻、娘、息子たちに感謝を捧げます。

２０２０年2月

津井輝

◎参考文献

『改訂版 競売不動産の基礎知識』青山一広（住宅新報社）
『プロが教える競売不動産の上手な入手法（改訂第11版）』山田純男／竹本裕美（週刊住宅新聞社）
『兼業「大家さん」黒字経営マニュアル』藤山勇司（実業之日本社）
『藤山勇司が熱血指導！「不動産投資78の実践法則」DVD』藤山勇司（オークスピード）
『「金持ち大家さん」になるアパート・マンション経営塾』浦田健（日本実業出版社）
『ゼロからはじめる「木造建築」入門』原口秀昭（彰国社）
『ゼロからはじめる建築の「設備」教室』原口秀昭（彰国社）
『あなたもなれる！ホームインスペクター（住宅診断士）テキスト』日本ホームインスペクターズ協会（住宅新報社）
『土地なし頭金500万円で始める サラリーマン大家の「クズ土地」アパート経営術』大長伸吉（日本実業出版社）
『なぜ鹿子木式は銀行預金より安全で不動産投資より稼ぐのか?』鹿子木健（雷鳥社）
『FXで勝つための資金管理の技術』伊藤彰洋／鹿子木健（パンローリング）

特典ダウンロードはこちら!

＼これであなたも大丈夫！／

「津井式 損失にならないための限界空室率が一目でわかるシュミュレーションシート」（P154）は

こちらからダウンロード

津井輝 公式 LINE @に
登録するだけで手に入る！

【著者紹介】

津井 輝（つい・てる）
埼玉県生まれのサラリーマン兼業投資家。IT 企業に勤務。
経済的自由人を目指し、いちばん美味しい「競売不動産」投資に取り組んでいる。
10 年かけて「津井式調査法」「津井式物件選別法」を確立。現在は会社の給料以上の家賃収入を得るまでに至っている。
そのノウハウと豊富な実例をオンラインサロン「ソフィア VIP 不動産 - 不動産リテラシー 3.0（https://vc.medu.biz/sophia-viprealestate/）」にて公開している。

・著者ブログ
https://tsuiteru.medu.biz/

・LINE @
@353tneet

フツーのサラリーマン“ついてる”さんが成功《せいこう》した
「競売不動産《けいばいふどうさん》」で資産《しさん》を増《ふ》やす方法《ほうほう》

2020 年 2 月 10 日　初版第 1 刷発行

著　　者　　津井 輝

発 行 者　　岩野裕一

発 行 所　　株式会社実業之日本社
〒107-0062　東京都港区南青山5-4-30
CoSTUME NATIONAL　Aoyama Complex 2 F

TEL：03-6809-0452（編集）
TEL：03-6809-0495（販売）
ホームページ：https://www.j-n.co.jp/

印刷・製本　　大日本印刷株式会社

ISBN 978-4-408-33905-4（ビジネス）　©Tsui Teru 2020　Printed in Japan